QUEM TEM MEDO *da* AIDS?

Marcelo Affonso dos Santos

Quem tem medo da AIDS?

Como tratar e evangelizar os portadores da doença

CPAD

Copidesque: Leila Teixeira
Revisão: Marcus Braga e Gláucia Victer
Editoração eletrônica: Olga Rocha Santos
Capa e projeto gráfico: Eduardo Souza

616 Patologia. Tratamento
Santos, Marcelo Affonso dos
SANq Quem Tem Medo da Aids?.../Marcelo Affonso dos Santos
1ª ed. - Rio de Janeiro: Casa Publicadora das Assembléias
de Deus, 1999
p. 220. cm. 14x21.

ISBN 85-263-0173-X

1. Patologia 2. AIDS 3. Evangelização

CDD
616 – Patologia. Tratamento

Casa Publicadora das Assembléias de Deus
Caixa Postal 331
20001-970, Rio de Janeiro, RJ, Brasil

1ª edição/1999

Sumário

PREFÁCIO

Este livro é resultado de uma incessante pesquisa. A prática diuturna do autor no cuidado com pacientes aidéticos possibilitou-lhe obter experiências nas áreas profissional e espiritual. No exercício de sua profissão, deparou-se com as múltiplas fases da doença, bem como com todas as suas manifestações. Vivenciou também situações muito difíceis como, por exemplo, casos em que doentes, muitas vezes desacompanhados de seus familiares e outros até mesmo abandonados, morreram à míngua no leito do hospital. Como servo de Deus, no exercício sacerdotal, acompanhava doentes que lutavam até o último fôlego de vida, proporcionando-lhes uma morte digna com destino certo na presença do Senhor.

A AIDS é focalizada em todos os seus aspectos, através de uma abordagem simples e esclarecedora. O tema está bem explorado tanto na questão médica, científica, como também na moral e espiritual. Enriquecido com textos bíblicos e bem aplicados ao assunto, ele torna evidente o quanto a Palavra de Deus é viva, eficaz e atualizadíssima para o contexto em que vivemos.

Através de uma leitura atenciosa, pode-se perceber que o Espírito Santo esteve acrescentando sabedoria ao autor que, partindo também de um conhecimento adquirido, foi capaz de produzir este compêndio sobre a doença do século, a AIDS. Ele trouxe para a Igreja de Cristo a oportunidade de oferecer um preparo mais qualificado aos membros que se dedicam à evangelização desse tão difícil clã de homossexuais, portadores do maldito vírus que tem ceifado milhares de vidas e contaminado milhões neste mundo mergulhado no maligno.

É urgente que a igreja direcione sua evangelização às pessoas portadoras dessa doença, aplicando-se a um discipulado mais amplo e envolvente em benefício daqueles que se decidem ao lado de Jesus.

Costumo dizer em minhas palestras que a Bíblia não afirma: "o cego, o paralítico, o canceroso, o doente com AIDS não entrarão no céu...". Essas doenças são causadas por problemas patológicos que os médicos podem até amenizar efetivamente. Trata-se de enfermidades provenientes da carne que para nada presta, senão para ser um dia lançada na sepultura. Porém, a Bíblia diz que não entrarão no céu os devassos, os idólatras, os adúlteros, os homossexuais, os alcoólatras, os avarentos, os ladrões e os maldizentes (1 Co 6.10). E, por que não entrarão? Porque são males, "doenças" que destroem a fibra moral do homem, levando-o à cegueira espiritual e à completa falta de santidade, pois a santificação agrada a Deus e é um requisito para a entrada no céu (Hb 12.14). Médico algum, por mais estudioso que seja, pode curar essas doenças, a menos que o homem se entregue de corpo e alma ao Senhor Jesus Cristo, o único com poder para restaurá-lo desse terrível mal.

O campo literário cristão estava carente de temas como estes, voltados para a questão prática do cuidado com os doentes com AIDS. Faltava até mesmo coragem para nos aproximarmos de alguém doente com o vírus HIV.

Deus está levantando homens e mulheres cristãos para atuar nessa área com ousadia, dedicação, amor e conhecimento. O leitor vivenciará essa atuação nas páginas deste livro tão bem pesquisado e atualizado, com dados estatísticos sobre a manifestação da doença em todo o mundo. Sentirá vivamente o drama de pessoas que lutaram contra a doença até os seus últimos segundos de vida e também se alegrará com o testemunho de outras que venceram a doença através da gloriosa ação de Jesus em suas vidas.

Alegro-me pelo privilégio que o Senhor me concedeu de prefaciar o primeiro livro de nosso irmão Marcelo Affonso, a quem temos acompanhado desde a sua conversão a Cristo e de quem podemos testemunhar os muitos frutos que tem dado para a glória do nosso Senhor Jesus.

João Carlos Xavier
Presbítero na Assembléia de Deus em
Cordovil, Rio de Janeiro, RJ.
Autor do livro *O dia em que nasci de novo*

AGRADECIMENTOS

Em primeiro lugar, agradeço especialmente a Deus que nos salvou pela sua infinita misericórdia, tem nos sustentado com suas forças e nos dado graça e sabedoria para realizar este trabalho. A Ele seja dada toda honra e glória por tudo de bom que realizou e realizará através de nós. Aos meus pais Licínio e Sirley, pela ajuda em todos os momentos de minha vida, pela paciência e compreensão em nossa casa e pela educação que puderam me proporcionar. Ao pastor Francisco José da Silva, presidente de nossa igreja, o qual sempre nos incentivou bastante, direcionando-nos ao trabalho evangelístico e missionário dentro dos preceitos bíblicos da doutrina cristã. Também sou grato ao nosso amigo e irmão João Carlos Xavier e a sua esposa Rosa por terem revisto todo o livro e feito críticas que, sem dúvida, aperfeiçoaram a sua abordagem, além de terem pacientemente me discipulado no princípio de minha fé cristã, oferecendo-me o alimento espiritual. Aos meus professores da escola dominical por se dedicarem a nos ensinar os princípios doutrinários que foram mencionados neste livro: irmã Ana Paula, irmão Claudemir, o presbítero Jorge e o meu irmão, diácono João Luís, que passou noites em claro lendo esta obra. Aos amigos e irmãos Josenildo, Letícia, Rafael, Walter, Kátia, Anderson, Junley e tantos outros.

Sou grato aos pastores Walter e Juracy, meus professores de seminário. À minha querida irmã Valéria por ter revisado alguns capítulos deste compêndio, corrigindo voluntariamente alguns erros de português.

Agradeço aos amigos e irmãos que mesmo estando contaminados com o HIV, proporcionaram-me uma nova maneira de ver a vida. Além disso, deram-me a oportunidade de comunicar-lhes Jesus, o Rei dos reis e Senhor dos senhores.

Que Deus abençoe a todos vocês!

PALAVRA DO AUTOR

O desejo de escrever este livro surgiu quando ingressei na Secretaria de Evangelismo e Missões de minha igreja. Fazíamos visitas aos enfermos, especialmente aos portadores do vírus da AIDS, no Hospital Universitário Gaffrée Guinle.

Na ocasião, elaborei uma cartilha que tinha por objetivo o treinamento de pessoas que já atuavam no ministério de evangelismo em hospitais. Nesse manual, procurei demonstrar e elucidar os aspectos mais fundamentais da doença, bem como ressaltar alguns conhecimentos adquiridos como participante do corpo discente da Universidade do Rio de Janeiro (Uni-Rio), cursando a cadeira de enfermagem e obstetrícia.

Com o passar do tempo, Jesus me ensinou a entender o sofrimento daquelas pessoas.

Então, as idéias foram se acumulando em minha mente. Realizei algumas palestras em igrejas, e o desejo de escrevê-las ia crescendo paulatinamente.

Tive a preocupação de destacar alguns conhecimentos básicos sobre a doença, bem como ilustrar alguns cuidados essenciais com os pacientes portadores da AIDS e HIV positivo. Meu objetivo era o de ajudar a muitos que se encontram doentes e ainda outros que têm parentes ou amigos enfermos e receberam a divina incumbência de cuidar deles.

Esta obra visa também ser aproveitada por instituições não hospitalares que atendem de alguma forma portadores da doença, tais como: centros de recuperação para drogados, mendigos e homossexuais, abrigos, igrejas em geral etc.

O meu objetivo é agradar ao Senhor, auxiliando na orientação daqueles que têm a chamada de Deus para trabalhar com os enfermos, em especial com os portadores da AIDS, e fornecer alguns conselhos práticos sobre o tratamento dos doentes em casa, bem como elucidar, de forma simples, algumas das principais doenças relacionadas à AIDS.

O autor

Capítulo 1

POR QUE NEM SEMPRE DEUS CURA?

Ezequias: quando a cura causa problemas

Eis que arrebata a presa; quem lhe fará restituir, quem lhe dirá: Que fazes?
Jó 9.12

Seria muita pretensão acreditar que pudesse de alguma forma responder a essa pergunta. Não existe resposta única que possa abranger todas as facetas desse complexo problema. A Bíblia, contudo, nos mostra algumas situações em que pessoas diferentes, com problemas variados e em situações diversas foram ou não curadas.

Para tratar de um assunto relacionado à saúde ou à ausência desta — no caso da AIDS —, precisamos de início compreender os aspectos relacionados à origem dessa doença, que pode se tornar parte da existência de um homem e resultar fatalmente em sua morte física.

Em princípio, a Palavra de Deus nos diz que: "Os vivos sabem que hão de morrer" (Ec 9.5a). A doença e a morte surgiram após a entrada do pecado no mundo: "Pelo que, como por um homem entrou o pecado no mundo, e pelo pecado, a morte, assim também a morte passou a todos os homens, por isso que todos pecaram" (Rm 5.12). Teófilo de Antioquia assinala:

> Para a primeira criatura, a desobediência levou à exclusão do paraíso... na sua desobediência, o homem recolheu a fadiga, a dor, o sofrimento, e por fim caiu sobre o poder da morte.[1]

Devido ao pecado, o ser humano passou a experimentar a doença e a morte como coadjuvantes de sua história. O binômio "saúde-doença" tornou-se inseparável, uma vez que nenhum homem é perfeitamente são e da mesma forma ninguém é totalmente doente:

> Mas a saúde do corpo para eles, como para todo o homem, não pode ser cá na terra um bem definitivamente adquirido. Para mais, neste mundo, ela não existe nunca de maneira absoluta e nunca é senão o equilíbrio parcial e provisório, e, poder-se-ia dizer mesmo, estado de menor doença. A própria noção de uma saúde ideal escapa à nossa concepção humana, visto que ela remete para nenhuma experiência possível, para nós atualmente. A saúde, na nossa condição presente, é sempre, de certo modo, a doença, enquanto esta não aparece ou (e) não tem suficiente amplitude para ser detectada como tal.[2]

O fato é que a grande maioria dos pacientes com AIDS sabem que estão a um passo do término de suas vidas e, devido à gravidade da doença, poucos crêem que possam ser curados — apesar de desejarem grandemente esse favor. "Porque eu sei que me levarás à morte e à casa do ajuntamento destinada a todos os viventes" (Jó 30.23).

Na realidade, a angústia de presenciar a morte de outros pacientes com AIDS — os vizinhos de enfermaria — gera uma crescente desesperança à medida que a história de sua doença vai tomando o mesmo caminho do companheiro que falecera. Essa aflição, na maioria dos casos, produz pânico, medo, solidão, tédio e desesperança. Segundo a Drª Elizabeth Kübler-Ross, especialista em assuntos relativos a pacientes terminais, o que de pior pode acontecer a qualquer ser humano, vítima de uma enfermidade, é ser desenganado, tornando-se desesperançoso. Esse é, sem dúvida, o caso das pessoas portadoras do vírus da AIDS.

Embora seja deveras temida, a morte muitas vezes é o melhor modo de Deus manifestar sua misericórdia por nós: "Porque os meus pensamentos não são os vossos pensamentos, nem os vossos caminhos, os meus caminhos, diz o SENHOR" (Is 55.8).

Ilustremos com um caso real contado por Matilda Nordtvedt em seu livro *Derrotando o desespero e a depressão:*

> Uma amiga nossa contraiu enfisema.[3] Foi tão violento que ela tinha dificuldades para andar, mesmo dentro de sua casa. Antes de ficar doente, ela não achava tempo para Deus. Estou contente por haver contraído enfisema, disse ela, a uma amiga cristã pouco tempo antes de morrer,

> porque por meio dessa enfermidade eu vim a conhecer Cristo.[4]

Paulo aconselhou os irmãos em Cristo: "A dor fez com que vocês voltassem para Deus" (2 Co 7.9, BV, A Bíblia Viva).

A história de Ezequias[5] é um outro exemplo de que às vezes a morte constitui uma amostra da graça de Deus: "Adoeceu Ezequias de morte..." Quando Ezequias soube pelo profeta Isaías, filho de Amós, que os seus dias estavam prestes a terminar na face da terra, sendo assim irremediavelmente desenganado, "virou o rosto para a parede e orou ao Senhor" (2 Rs 20.2). Então começou a dizer que havia sido fiel — e realmente havia — que tinha um coração perfeito — sempre fizera o que era reto ao Senhor — e chorou abundantemente (2 Rs 20.3). Deus então, por sua vontade permissiva,[6] resolveu atender ao pedido de Ezequias e lhe concedeu mais 15 anos, embora essa não fosse a vontade do Senhor, que sabe todas as coisas e visa sempre o nosso bem-estar: "Sucedeu, pois, que, não havendo Isaías ainda saído do meio do pátio, veio a ele a Palavra do Senhor, dizendo: Volta e dize a Ezequias, chefe do meu povo: Assim diz o Senhor, Deus de Davi, teu pai: Ouvi a tua oração e vi as tuas lágrimas; eis que eu te sararei; ao terceiro dia subirás à Casa do SENHOR. E acrescentarei aos teus dias quinze anos" (2 Rs 20.5,6a).

Que maravilha! Ezequias agora está curado! Certo? Na verdade, não foi tão bom como parecia.

Aconteceu que, após ter recebido a cura, Ezequias acabou revelando segredos estratégicos para o rei da Babilônia e outros fatos confidenciais — finanças — do reino de Judá.

Esse erro foi desastroso: "E disse ele [Isaías]: Que viram em tua casa? E disse Ezequias: Tudo quanto há em minha casa viram; coisa nenhuma há nos meus tesouros que eu não lhes mostrasse" (2 Rs 20.15). A conseqüência profética desse ato imprudente está registrada em 2 Rs 20.17: "Eis que vêm dias em que tudo quanto houver em tua casa, com que entesouraram teus pais até ao dia de hoje será levado para Babilônia; não ficará coisa alguma, disse o SENHOR". E, mais tarde, a promessa se cumpre em 2 Rs 24.8-16: "Tinha Joaquim dezoito anos de idade quando começou a reinar e reinou três meses em Jerusalém... E fez o que era mau aos olhos do SENHOR, conforme tudo quanto fizera seu pai. Naquele tempo, subiram os servos de Nabucodonosor, rei de Babilônia, a Jerusalém, e a cidade foi cercada. Também veio Nabucodonosor, rei de Babilônia, contra a cidade, quando já os seus servos a estavam cercando. Então, saiu Joaquim, rei de Judá, ao rei de Babilônia, ele, e sua mãe, e seus servos, e seus príncipes, e seus eunucos; e o rei de Babilônia o levou preso, no ano oitavo de seu reinado. E tirou dali todos os tesouros da Casa do SENHOR; e os tesouros da casa do rei; e fendeu todos os utensílios de ouro que fizera Salomão, rei de Israel, no templo do SENHOR, como o SENHOR tinha dito. E transportou a toda a Jerusalém, como também todos os príncipes, e todos os homens valorosos, dez mil presos, e todos os carpinteiros e ferreiros; ninguém ficou, senão o povo pobre da terra. Assim, transportou Joaquim para a Babilônia, como também a mãe do rei, e as mulheres do rei, e os seus eunucos, e os poderosos da terra levou presos de Jerusalém a Babilônia. E todos os homens valentes, até sete mil, e carpinteiros, e ferreiros, até mil, todos eles destros na guerra, a estes o rei de Babilônia levou presos para Babilônia".

Ezequias teve também um filho por nome Manassés. Esse foi o "pior homem do antigo concerto"; o mais injusto e o mais terrível, entre outros adjetivos não menos desagradáveis (2 Rs 21.1-18). "Porém não ouviram; porque Manassés de tal modo os fez errar, que fizeram pior do que as nações que o SENHOR tinha destruído de diante dos filhos de Israel" (2 Rs 21.9). Entre os pecados de Manassés estavam os seguintes: reedificação dos altos e levantamento de balains. Ele se prostrou diante deles e os serviu (2 Rs 21.3). Até em Jerusalém e na Casa do Senhor praticou a idolatria (vv. 4,5); ofereceu seu filho em sacrifício, queimando-o (v. 6). Adivinhava pelas nuvens (v. 6) e chegou a levar o povo a se prostituir com os ídolos (vv. 9-11). Derramou muitíssimo sangue inocente (v. 16) e não deu ouvidos ao Senhor (2 Cr 33.10).

Seria bem melhor para Ezequias ter sido recolhido por Deus: "Preciosa é à vista do Senhor a morte dos seus santos" (Sl 116.15). Certamente o Senhor já sabia aquilo que o esperava se continuasse vivo, contudo Deus concedeu livre-arbítrio ao homem, permitindo que seu desejo fosse realizado. Para ilustrar esse fato, gostaria de contar um breve testemunho do que ocorreu logo no início do nosso ministério de visitação hospitalar.

Há algum tempo, ao visitar um hospital considerado centro de referência para o tratamento de pacientes com AIDS, no Rio de Janeiro, conheci um homem que muito me chamou a atenção. Tinha cerca de quarenta anos de idade. Sua aparência era realmente assustadora. Ele era robusto como um touro — apesar de estar contaminado com o vírus da

AIDS —, e o seu semblante não tinha nada de amistoso. Ele possuía várias tatuagens de imagens católicas espalhadas pelo corpo, o que me causou muita curiosidade. Procurei aproximar-me dele. Sentia-me um tanto receoso com o seu aspecto. Logo que me identifiquei como evangélico, ele me disse: "A paz do Senhor!" Eu retribuí o cumprimento e perguntei-lhe sobre a sua doença — reconheço que erradamente. Então, confessou-me que estava com o vírus da AIDS. Naquele momento, entristeci-me pela sua maneira de se expressar e pensei: "Deve ter se convertido há pouco tempo..." e, procurando confortá-lo, disse-lhe que Deus poderia curá-lo. No entanto, fiquei surpreso ao ouvi-lo dizer: "O Senhor já me curou..." Confesso que na ocasião nada pude entender. Logo em seguida, veio a explicação. Aquele homem me disse que seu passado havia sido negro e terrível. Era um homicida, um matador de aluguel. Contou-me que agia friamente e de maneira cruel — obviamente sob a ação satânica da cocaína. Matava qualquer pessoa por pequenos motivos. Em suma, era um instrumento afiado nas mãos do inimigo. Devido ao vício, acabou por contrair o vírus da AIDS. Esteve internado por um tempo, e no hospital alguém lhe falou de Jesus. Foi assim que se converteu e, segundo ele, recebeu a cura logo em seguida.

Infelizmente, algum tempo depois da cura, não conseguiu resistir às tentações e voltou para o mundo, praticando os mesmos erros de antes, porém ainda piores. O resultado não poderia ter sido outro: adquiriu novamente o vírus da AIDS; além disso, nessa ocasião, já estava bastante debilitado. Apesar da situação em que se encontrava, aquele homem ainda tinha esperanças de que Deus poderia curá-lo novamente. Infelizmente, soube através de um funcionário que ele veio a falecer alguns dias após termos conversado.

Estou certo de que é melhor para o homem a morte com Cristo e a vida eterna no céu do que nessa vida terrena viver desviado do Senhor, pois a condenação é eterna. A vida é transitória, mas após a morte segue-se o julgamento: "E, como aos homens está ordenado morrer uma só vez, vindo, depois disso, o juízo" (Hb 9.27). "Tal como a nuvem se desfaz e passa, aquele que desce à sepultura nunca tornará a subir. Nunca mais tornará à sua casa, nem o seu lugar jamais o conhecerá" (Jó 7.9,10).

Deus tem pleno domínio para agir em nós da maneira que bem entender, ainda que aos nossos olhos seus métodos pareçam obscuros — apesar de não serem —, pois se revelam pela Palavra. Assim sendo, devemos evitar as idéias pré-concebidas sobre temas relacionados a qualquer tipo de doença. "Receberemos o bem de Deus e não receberíamos o mal?" (Jó 2.10b).

> O médico não é só médico quando receita banhos, e ordena uma alimentação substancial, e quer que o doente passeie em jardins floridos, mas é-o, também, quando queima e corta... Assim, sabendo que Deus nos ama mais que todos os médicos, não vos inquieteis, não lhe peçais contas dos meios que Ele emprega; mas, quer Ele use de indulgência, quer Ele use de severidade, abandonemo-nos a Ele; por um ou por outro desses meios, é sempre para nos salvar e para nos unir a Ele, que Ele atua.[7] (João Crisóstomo)

Wim Malgo, fundador e dirigente da Obra Missionária Chamada da Meia-Noite, em seu excelente livro *Deus ainda cura enfermos atualmente?*, afirma que Deus pode não curar pelas seguintes razões:

- *Algumas enfermidades fortificam a fé de outras pessoas* — É o caso dos heróis da fé que, apesar de seu bom testemunho, não alcançaram a promessa (Hb 11.39,40).
- *Algumas enfermidades nos sobrevêm por amor à Igreja de Jesus* — É o caso do apóstolo Paulo: "Regozijo-me, agora, no que padeço por vós e na minha carne cumpro o resto das aflições de Cristo, pelo seu corpo, que é a igreja; da qual eu estou feito ministro segundo a dispensação de Deus, que me foi concedida para convosco, para cumprir a palavra de Deus" (Cl 1.24,25).
- *Algumas enfermidades têm por finalidade nos manter humildes* — Paulo, por exemplo, deve ter tido uma doença dolorosa e incômoda. O Senhor não lhe tirava a enfermidade, pois ele corria o perigo de tornar-se orgulhoso: "E, para que me não exaltasse pelas excelências das revelações, foi-me dado um espinho[8] na carne, a saber, um mensageiro de Satanás, para me esbofetear, a fim de não me exaltar. Acerca do qual três vezes orei ao Senhor, para que se desviasse de mim. E disse-me: A minha graça te basta, porque o meu poder se aperfeiçoa na fraqueza" (2 Co 12.7-9a).
- *Algumas enfermidades constituem um meio de Deus disciplinar os pecadores, trazendo-os para junto de si pelo arrependimento* — Essa posição é defendida pelo apóstolo Paulo em 1 Coríntios 11.30,31: "Por causa disso, há entre vós muitos fracos e doentes e muitos que dormem. Porque, se nos julgássemos a nós mesmos, não se-

ríamos julgados"[9] [pecadores já cristãos]; e: "Porque Deus às vezes utiliza o sofrimento em nossas vidas para nos ajudar a nos afastarmos do pecado e procurar a vida eterna. Nunca devemos lamentar que ele no-lo envie" (2 Co 7.10, BV); ou ainda: "Antes de ser afligido, andava errado; mas agora guardo a tua palavra... Foi-me bom ter sido afligido, para que aprendesse os teus estatutos" (Sl 119.67,71).

- *Algumas enfermidades nos advêm para provar a nossa fidelidade ao Senhor* — "Em que vós grandemente vos alegrais, ainda que agora importa, sendo necessário, que estejais por um pouco contristados com várias tentações, para que a prova da vossa fé, muito mais preciosa do que o ouro que perece e é provado pelo fogo, se ache em louvor, e honra, e glória na revelação de Jesus Cristo; ao qual não o havendo visto, amais; no qual não o vendo agora, mas crendo, vos alegrais com gozo inefável e glorioso, alcançando o fim da vossa fé, a salvação humana" (1 Pe 1.6-9). "Meus irmãos, tende grande gozo quando cairdes em várias tentações, sabendo que a prova da vossa fé produz a paciência. Tenha, porém, a paciência a sua obra perfeita, para que sejais perfeitos e completos, sem faltar em coisa alguma" (Tg 1.2-4).

Há alguns anos, conheci uma pessoa internada em um hospital especializado em tratamento de pacientes com o vírus da AIDS. Após me aproximar e ter me apresentado, perguntei se poderia sentar-me próximo a ele, numa cadeira. Ele consentiu e percebi que estava muito amistoso. Comecei, então, a falar-lhe do amor de Deus e das maravilhas de servir a Jesus. Ele tinha o vírus da AIDS. Devido à doença, estava apresentando alguns problemas cardíacos, os quais atribuía ao fato de estar internado. No decorrer da conversa, disse-me que era panamenho e que havia sido dispensado do emprego porque estava enfermo.[10] Explicou-me que sua família — pais e irmãos — era cristã e morava no Panamá. Afirmou também ser ateu, embora tivesse freqüentado algum tempo a igreja de sua família. Comecei a tentar explicar-lhe o motivo de minha fé em Deus. Com o passar do tempo, ele foi cedendo, até que concordou comigo e pediu-me uma Bíblia. No entanto, no meio da conversa, disse-me que outros "cristãos" o haviam visitado, dizendo-lhe que deveria ter filhos, uma vez que essa era a vontade de Deus para ele. O pior de tudo foi que quando ele disse que não queria ter filhos — pelo fato de estar com AIDS —, tais pessoas começaram a "explicar" que o motivo pelo qual ele estava enfermo era conseqüência do seu egoísmo de não desejar ter um filho. Afirmaram também que, caso ele não se arrependesse, iria morrer, indo em seguida para o inferno. Então, interrogou-me sobre a veracidade daquelas afirmações, e se eu concordava com aquelas pessoas.

Confesso que fiquei muito chocado com aquele comentário totalmente antibíblico e tolo. Diariamente, naquela enfermaria, uma ou duas pessoas faleciam.[11] Percebi que ele começou a ficar muito desanimado depois de ter presenciado a primeira morte. A depressão tomou conta de sua vida. Dizia não agüentar mais, chorava muito e relatava sua dor e compaixão aos companheiros de enfermaria. Não aceitava a comida do hospital — embora fosse de ótima qualidade —, pois dizia que tinha medo de comer alimentos mal preparados. A ansiedade e o medo lhe torturavam.

Antes de ser internado, trabalhava numa firma em um cargo superior, tinha um bom salário e um padrão de vida estável, mas repentinamente descobriu que estava com AIDS e, em conseqüência do forte choque emocional ao receber os resultados do exame, sofreu um infarto do miocárdio. Para agravar ainda mais a sua situação, teve seu visto de permanência no país suspenso, sendo obrigado a deixar para trás sua pátria, amigos, mulher etc. Além de tudo isso, o pior: apareceu alguém para dizer-lhe que deveria ter um filho e, condenando-o, afirmou que estava doente por ser egoísta. Esse péssimo comentário, impensado certamente, atrapalhou muito a vida daquele homem já tão oprimido pelo pecado.

Tentei contornar a situação, demonstrando-lhe o sentido real do amor de Deus, contudo continuou insistindo naquelas palavras, que preconizavam sua condenação ao fogo eterno por causa daquele suposto ato de desobediência a Deus. Diante disso, disse-lhe que esse não era o Evangelho de Cristo, mas um evangelho falsificado e mentiroso, um "evangelho do terror". Afinal, o Evangelho são as boas novas do Reino de Deus. Mostrei-lhe que Deus o amava e era misericordioso. "As misericórdias do SENHOR são a causa de não sermos consumidos, porque as suas misericórdias não têm fim. Novas são cada manhã; grande é a tua fidelidade" (Lm 3.22,23). Falei também que ele tinha todo o direito de não ter filhos — principalmente por estar contaminado com o vírus da AIDS —, e que Deus não obriga ninguém a tê-los. Comecei, então, a visitá-lo todos os dias. Ouvia muito as suas reclamações e acabei aprendendo bastante com aquele homem. Por fim, ele recebeu Jesus e voltou consolado por Deus para o seu país.

Podemos concluir que Deus pode não curar uma pessoa por conhecer o seu presente, passado e futuro — devido à sua presciência —, e saber, como no caso de Ezequias, que seu porvir será desastroso. Nesse caso, Ele usa sua vontade decretiva que, segundo Brunelli, é aquele direito que Deus reserva a si mesmo de decidir como quer, não obstante as muitas insistências. Não há nada que possa mudar uma decisão decretiva de Deus... Deus chega a jurar por si mesmo o cumprimento dela.[12]

Portanto, especular a vontade de Deus, principalmente quando tratamos de doentes terminais, pode ser muito perigoso.

Capítulo 2

PREGUE A PALAVRA

Conjuro-te, pois, diante de Deus e do Senhor Jesus Cristo... que pregues a palavra, instes a tempo e fora de tempo, redarguas,[13] repreendas,[14] exortes,[15] com toda a longanimidade e doutrina.
2 Timóteo 4.1,2

Como já dissemos, a percepção da proximidade da morte causa grande desconforto e medo. O ser humano tem medo das coisas que não consegue decifrar e, por isso, constantemente nega a realidade da morte. É estranho e aterrorizante para a humanidade, criada por Deus para ter vida eterna, deparar-se com a maldição da morte, a cessação dos sentidos e a degeneração do corpo; com o pó, o rompimento dos laços familiares, os projetos, as expectativas e os sonhos.

> Uma cama de casal fica de repente só. Um cadeirão fica vazio. A mesa não é arrumada para o jantar. Ninguém atende ao telefone.[16]

O desejo de continuar vivo faz parte do senso de autopreservação humana, ou seja, a propensão de se abster do perigo ou do desconhecido. Como afirma Bayly:

> A certeza da morte e da participação com toda a humanidade em seu evento final poderia ser uma fonte de segurança individual. Mas não é. Trata-se, pelo contrário, do foco da insegurança e do temor do homem, sua incapacidade de sentir-se completamente seguro de qualquer coisa na terra, porque não tem certeza de que viverá no próximo minuto ou dois.[17]

"Que também o homem não conhece o seu tempo; como os peixes que se pescam com a rede maligna e como os passarinhos que se prendem com o laço, assim se enlaçam também os filhos dos homens no mau tempo, quando cai de repente sobre eles" (Ec 9.12). A morte, para muitos que desconhecem a Palavra de Deus, é motivo de grande medo e apreensão. Mas nós, os cristãos, também estamos propícios a ter esse tipo de sentimento. Como afirma Stephen Brown:

> A morte é talvez o que mais tememos; muitos cristãos falam com firmeza que não têm medo da morte e, na maioria das vezes, eu não acredito neles. Na verdade, a maioria das pessoas que dizem não temer a morte simplesmente negam uma realidade que, afinal, terão de enfrentar... O medo da morte é normal, e a melhor maneira de vencê-lo é encará-lo de frente. Está certo o dita-

do inglês sobre enfrentar o medo: "O medo bateu à porta. A fé foi atender. Não havia ninguém lá".[18]

É claro que em algumas doenças existe esse alguém: a morte, o preconceito, a depressão, mas a fé nos ajuda a suportar essas adversidades. Não podemos negá-las, agindo como se não existissem.

Não é nosso hábito pensar na morte, muito menos em nossa própria morte; não nos demos ainda o direito de morrer e, portanto, o de viver como quem vai morrer. É isso que nos leva a olhar o portador do HIV como "aquele que vai morrer" e nos impede de estar com ele, como iguais.[19]

Podemos pensar em alguns efeitos dessa sensação de iminência da morte quando nos reportamos às pessoas com AIDS. Os doentes moribundos podem responder de maneira pouco amistosa a questões teológicas do tipo: "Você tem certeza de sua salvação?" Obviamente que a idéia de não ir para o céu é muito dolorosa e incômoda. Creio que nesse momento é necessário suportar com amor tais reações, até mesmo, algumas vezes, mantendo-se em silêncio, aguardando o momento oportuno que Deus irá proporcionar: "Mas nós que somos fortes, devemos suportar as fraquezas dos fracos e não agradar a nós mesmos. Portanto, cada um de nós agrade ao seu próximo no que é bom para a edificação. Porque também Cristo não agradou a si mesmo, mas, como está escrito: Sobre mim caíram as injúrias dos que te injuriavam. Porque tudo que dantes foi escrito para nosso ensino foi escrito, para que, pela paciência e consolação das Escrituras tenhamos esperança" (Rm 15.1-4).

Alguns doentes preferem até se iludir, fantasiando que o céu não existe e que o inferno é aqui mesmo na terra: "Mas eu vos mostrarei a quem deveis temer: temei aquele que, depois de matar, tem poder para lançar no inferno; sim, vos digo, a esse temei" (Lc 12.5). Acredito que, nesses casos, devemos agir com redobrado cuidado e paciência, tentando apenas retificar[20] respostas, mantendo sempre o zelo de não estar sendo ou parecendo satírico[21], pois geralmente os pacientes estão mais sensíveis, percebendo mais facilmente ironias, risos, expressões de mal-estar, pressa para sair do quarto ou desconforto. Essas atitudes seriam extremamente prejudiciais ao contato entre o visitador e o visitado. Porém se, no momento certo,[22] mostrarmos a verdade da Palavra de Deus com muito amor e sem agressões, poderemos levar o doente a uma reflexão, que geralmente requer algum tempo para surtir efeito. É justamente aí que devemos contar ainda mais com o poder convencedor do Espírito Santo, o qual inquietará o doente levando-o a uma sincera meditação: "Será que ele tem razão?" "Deus realmente me ama?" "Será que Ele pode ou quer realmente perdoar os meus pecados?"

> Porque abala o ser, a doença põe muitas vezes em causa os falsos equilíbrios anteriores e leva o homem a interrogar-se sobre os fundamentos de sua existência. Ela enfraquece muitos apaixonados apegos a este mundo, do qual revela a vaidade, e leva a ultrapassar-lhe os limites.[23]

Talvez, então, na próxima visita ou em visitas de outro grupo evangélico e até mesmo sozinho, ele possa se "acertar com Deus" e assim receber a cura ou morrer tranqüilamente. Entretanto, lembre-se de, no momento proporcionado por Deus, aproveitar essa oportunidade como se fosse a última. Conscientize-se de que a discussão só causa contendas e porfias, não ajudando em nada o doente (Pv 20.3).

Ao comunicarmos o Evangelho, devemos ter uma boa noção das doutrinas relacionadas ao plano de salvação. Devemos conhecer as promessas que tratam desse assunto. Por esse motivo, segue abaixo um miniestudo.

A Bíblia diz explicitamente que a salvação, do grego *soteria,* significa literalmente "livramento", "chegar ao final com segurança", "proteger de dano". Basicamente, pode-se dizer que se dá através de um ato de fé em Jesus Cristo como único e suficiente Salvador. Essa fé é um dom de Deus que nos foi dado pela sua graça, "favor imerecido". A salvação vem através de ouvir a Palavra de Deus (Rm 10.17). Portanto, uma de nossas funções é pregar a Palavra (2 Tm 4.2). Além disso, a salvação é um ato pessoal (Rm 14.12), notório (Lc 12.8) e deve ocorrer simultaneamente com o arrependimento dos pecados (At 3.19). Ela envolve quatro aspectos básicos:[24]

1. *O arrependimento* — O arrependimento é o ponto inicial do processo realizado pelo Espírito Santo no homem, a fim de que este receba a salvação (Jo 16.8). Sem o arrependimento, não há possibilidade de o ser humano ser salvo (At 2.38). Além disso, a Bíblia afirma que todos os homens de todos os tempos devem se arrepender (At 17.30). O arrependimento e a confissão dos pecados nos abrem um novo caminho para Deus, e todos os que se arrependem sinceramente de seus pecados têm a garantia do seu perdão (1 Jo 1.9).

2. *A regeneração* — A regeneração é uma mudança sobrenatural operada na natureza da pessoa que recebe Jesus como seu Salvador. Essa transformação é efetuada pelo Espírito Santo (Tt 3.5). Regenerar significa tornar a gerar, dar nova vida, reconstruir, restaurar, revivificar. Regeneração, no sentido mais restrito da palavra, "é um ato de Deus, pelo qual o princípio da nova vida é implantado no homem, e a disposição dominante da alma é tornar-se santa". A alma morta em transgressões e ofensas precisa de uma nova vida, que lhe é concedida por um ato divino de regeneração. A pessoa, por conseguinte, torna-se herdeira de Deus e membro de sua família. "Regeneração é a obra instantânea de Deus, o qual outorga nova vida ao pecador que aceita a Cristo como seu Salvador".[25]
Depois que o homem, que por natureza é filho da ira (Ef 2.3), crê em Cristo e é feito filho de Deus, passa a ter os direitos e privilégios inerentes àquela posição.[26]
Em suma, a regeneração é o "nascer de novo", ou seja, morrer para as coisas do mundo e reviver para Deus (Jo 3.3).

3. *A justificação* — O verbo *dikaiõ*, "justificar", ou *dikaios*, "justo", é um termo que, em seu sentido literal, significa "declarar justo" e "transformar em justo", ou seja, o homem pecador é culpado, e sua sentença é, segundo a Bíblia, a morte. Contudo, Jesus, o único e verdadeiro justo, assume o lugar do condenado e toma sobre si o pecado deste, procedendo assim à sua justificação: "Mas, agora, se manifestou, sem a lei, a justiça de Deus, tendo o testemunho da Lei e dos Profetas, isto é, a justiça de Deus pela fé em Jesus Cristo para todos e sobre todos os que crê-

em; porque não há diferença. Porque todos pecaram e destituídos estão da glória de Deus, sendo justificados gratuitamente pela sua graça, pela redenção que há em Cristo Jesus" (Rm 3.21-23). E ainda: "Seja-vos, pois, notório, varões irmãos, que por este [Jesus] se vos anuncia a remissão dos pecados. E de tudo o que, pela lei de Moisés, não pudestes ser justificados, por ele é justificado todo aquele que crê" (At 13.38,39).

4. *A santificação* — É o processo de aplicar a justiça divina à vida pessoal do crente. A santificação é, portanto, a aplicação do poder de resistir ao pecado — outorgado pela regeneração — nas batalhas espirituais diárias. Através da santificação é desenvolvida a semelhança da família de Deus em nosso caráter.

   Deus permite ao crente, mesmo sendo novo convertido, receber a qualificação de santo (1 Co 1.2; 6.11; 2 Co 5.17). Contudo, a santificação é efetuada no crente de maneira progressiva, à medida que ele se aproxima de Deus, através do cultivo de uma vida espiritual nEle. "Mas vós sois dele, em Jesus Cristo, o qual para nós foi feito por Deus, sabedoria, e justiça,[27] e santificação,[28] e redenção"[29] (1 Co 1.30). Vejamos alguns meios que levam o crente à santificação:

- O poder do sangue de Jesus — "Mas, se andarmos na luz, como ele na luz está, temos comunhão uns com os outros, e o sangue de Jesus Cristo, seu Filho, nos purifica[30] de todo pecado" (1 Jo 1.7).
- O poder do Espírito Santo — "Eleitos segundo a presciência de Deus Pai, em santificação do Espírito, para a obe-

diência e aspersão do sangue de Jesus Cristo: graça e paz vos sejam multiplicadas" (1 Pe 1.2).

- O poder da Palavra — "Santifica-os na verdade; a tua palavra é a verdade" (Jo 17.17).

Mas, juntamente com a pregação do Evangelho, existe a necessidade de entendermos a doutrina da cura divina. Vamos analisar o versículo que reúne aspectos fundamentais sobre a salvação e a cura divina: "E a oração da fé salvará[31] o doente, e o Senhor o levantará;[32] e, se houver cometido pecados, ser-lhe-ão perdoados" (Tg 5.15). Esse é o versículo-chave do nosso ministério, que envolve basicamente duas palavras-chaves: salvação e cura. Visa primordialmente, como fim, a salvação, e como um meio, não menos importante, a cura — obviamente podendo acontecer juntas. Sabe-se que a salvação é, com certeza, a maior de todas as bênçãos que Deus, por sua misericórdia, concede ao homem (Rm 6.23). Esse também foi o motivo principal pelo qual Jesus deu sua vida na cruz do Calvário (Jo 3.16). A cura, por sua vez, é uma outra preocupação especial de Deus. Vejamos o que nos diz o profeta Isaías inspirado pelo Espírito Santo: "O Espírito do Senhor Jeová está sobre mim, porque o SENHOR me ungiu, para pregar boas novas aos mansos, enviou-me a restaurar os contritos de coração, a proclamar liberdade aos cativos, e a abertura de prisão aos presos; e apregoar o ano aceitável do SENHOR e o dia da vingança do nosso Deus; a consolar todos os tristes; a ordenar acerca dos tristes de Sião que se lhes dê ornamento por cinza, óleo de gozo por tristeza, veste de louvor por espírito angustiado, a fim de que se chamem árvores de justiça, plantação do SENHOR, para que ele seja glorificado" (Is 61.1-3). Essa passagem bíblica descreve o ministério messiânico de Jesus Cristo. Observemos algumas prioridades desse texto:

- *O Espírito do Senhor está sobre Jesus.* Ele é ungido por Deus e revestido do poder do Espírito Santo para realizar determinado trabalho — condição primordial para desempenharmos bem qualquer obra ou tarefa evangelística (Lc 24.49). Devemos clamar pelo batismo com o Espírito Santo para que possamos, avivados, atuar de modo completo na obra de Deus. Isso não significa, é claro, que aqueles selados mas ainda não batizados com o Espírito sejam de alguma maneira inferiores ou mesmo incapazes para o trabalho. Entender isso como prerrogativa de alguns trata-se, certamente, de uma má interpretação da Palavra. Quem trabalha realmente não somos nós, mas Deus. Ele trabalha como quer! Além do mais, os dons não são nossos, mas de Deus, que os usa para o que for útil na edificação da sua igreja (1 Co 12.8).
- *Deus deseja essencialmente que preguemos as Boas Novas* — Jesus veio ao mundo para perdoar os nossos pecados e nos salvar mediante a fé em seu nome (Jo 3.16). Em seu maravilhoso livro *Consolo,* Eleni Vassão de Paula Cavalcanti afirma:

> Creio que não há verdadeiro consolo sem haver a evangelização. Somente quando o paciente ou o que sofre recebe Jesus como seu Salvador será consolado a todo momento pelo Espírito Santo que passou a habitar nele.[33]

- *O Senhor deseja que em nome de Jesus curemos não só as doenças físicas, tais como: AIDS, câncer, lúpus, ce-*

gueira etc., mas também as doenças não físicas: solidão, melancolia, tristezas, opressão, depressão etc. (Lc 9.1). Vale destacar que quase dois terços do ministério de Jesus foram dedicados à cura divina: "E, indo, pregai, dizendo: É chegado o Reino dos Céus. Curai os enfermos, limpai os leprosos, ressuscitai os mortos, expulsai os demônios. De graça recebestes, de graça dai" (Mt 10.7,8).

Gostaria de aproveitar a oportunidade para meditar um pouco nos métodos de cura usados por Deus. Em primeiro lugar, gostaria de dizer que Deus não se limita aos métodos humanos para realizar o milagre da cura. O Senhor curou através da Palavra, mediante um pedido: "E Jesus, parando, disse que o chamassem e chamaram o cego, dizendo-lhe: Tem bom ânimo; levanta-te, que ele te chama... E Jesus, falando, disse-lhe: Que queres que te faça? E o cego lhe disse: Mestre, que eu tenha vista. E Jesus lhe disse: Vai, a tua fé te salvou. E logo viu, e seguiu a Jesus pelo caminho" (Mc 10.49-52). Mas também curou sem que pedissem: "E eis que estava ali uma mulher que tinha um espírito de enfermidade, havia já dezoito anos; e andava curvada e não podia de modo algum endireitar-se. E, vendo-a Jesus, chamou-a a si, e disse-lhe: Mulher, estás livre[34] da tua enfermidade" (Lc 13.11,12). Curou de perto: "... e havia ali um homem que tinha a mão direita mirrada...[35] E, olhando para todos ao redor, disse ao homem: Estende a mão. E ele assim o fez, e a mão lhe foi restituída sã como a outra" (Lc 6.6b,10). Mas também curou de longe: "E o servo de um certo centurião, a quem este muito estimava, estava doente e moribundo... E foi Jesus com eles; mas, quando já estava perto da casa, enviou-lhe o centurião uns amigos dizendo-lhe: Senhor, não te incomodes, porque não sou digno de que entres debaixo do meu telhado; e, por isso, nem ainda me julguei digno de ir ter contigo; dize, porém, uma palavra, e o meu criado sarará... E, voltando para casa os que foram enviados, acharam são o servo enfermo" (Lc 7.2,6,7,10). Curou pessoas de muita fé: "E Jesus, vendo-lhes a fé, disse ao paralítico: Filho, perdoados estão os teus pecados... A ti te digo: Levanta-te, e toma o teu leito, e vai para tua casa" (Mc 2.5,11). Mas também curou pessoas que precisavam de mais fé: "Mas, se tu podes fazer alguma coisa, tem compaixão de nós e ajuda-nos. E Jesus disse-lhe: Se tu podes crer; tudo é possível ao que crê. E logo o pai do menino, clamando com lágrimas, disse: Eu creio, Senhor! Ajuda a minha incredulidade" (Mc 9.22b-24). Jesus curou totalmente fora de qualquer padrão normal: "Tendo dito isso, cuspiu na terra, e, com a saliva, fez lodo, e untou com o lodo os olhos do cego, e disse-lhe: Vai, lava-te no tanque de Siloé (que significa o Enviado). Foi, pois, e lavou-se e voltou vendo" (Jo 9.6,7). Deus usou objetos de Paulo para curar: "E Deus, pelas mãos de Paulo, fazia maravilhas extraordinárias, de sorte que até os lenços e aventais se levavam do seu corpo aos enfermos, e as enfermidades fugiam deles, e os espíritos malignos saíam" (At 19.11,12).

A partir desses versículos, entendemos que não existe um padrão a ser seguido, mas vários modos que devem envolver a fé daquele que está recebendo a cura ou de um intercessor.

Temos percebido, segundo os relatos de alguns doentes, que muitos visitadores insistem na cura de determinadas pessoas como se a sua própria fé estivesse em jogo. Mas quando não obtêm as respostas de Deus assumem a posição de culpar o doente, afirmando que está em pecado, ou que estes não têm fé suficiente. Isso nada mais é do que a falsa "teologia da prosperidade". Outros, menos felizes, garantem que se o doente seguir uma determinada "fórmula de fé", certamente será curado. Muitos "decretam", outros "determinam", mas nem sempre Deus age como gostariam que agisse. O que estou dizendo é que Deus não é obrigado a curar ninguém, e muito menos do nosso modo. Stephen Brown, referindo-se ao assunto em questão, faz o seguinte comentário:

> Tenho sério problema com a falsa "teologia da prosperidade" [ou confissão positiva],[36] que afirma que Deus sempre vai curar toda a ferida, doença e enfermidade nesta vida. Muitas pessoas pensam que é da vontade divina que todos os cristãos sejam prósperos e felizes. Deus não tem prazer no nosso sofrimento e, às vezes, ele nos cura de forma milagrosa. Entretanto, tomar isto como verdade universal não é fé – é presunção.[37]

Não pretendo ser sarcástico, mas acredito que algumas bíblias — as dos pregadores da teologia da prosperidade — têm sido imprimidas sem a passagem de Lucas 16.19-31. Essa passagem conta a história de um rico e de Lázaro – o mendigo. Sua leitura fala por si só.

Rico — próspero

- Vestia-se de púrpura e linho finíssimo;
- vivia todos os dias regalada e esplendidamente;
- morreu e foi sepultado;
- foi atormentado no Hades.

Lázaro — mendigo

- Jazia cheio de chagas à porta do rico;
- desejava alimentar-se com as migalhas que caíam da mesa do rico;
- morreu e foi levado pelos anjos;
- foi consolado no seio de Abraão.

Devemos sempre orar pedindo a Deus que exerça a sua vontade: "E esta é a confiança que temos nele: que, se pedirmos alguma cousa, segundo a sua vontade, ele nos ouve" (1 Jo 5.14). Não era a vontade de Deus livrar o apóstolo Paulo, quando este enfrentava o "espinho na carne" (possivelmente uma doença), porque "a minha graça te basta"!

> Deus conhece melhor do que nós mesmos aquilo de que temos necessidade. Ele concede a cada um o que lhe é mais útil espiritualmente. Ele utiliza muitas vezes a doença, pois ela é por natureza um instrumento eficaz para despertar o homem cujo espírito encontra-se entorpecido pelo pecado, fazendo-lhe sentir, através do mal que experimenta no seu corpo, o mal menos aparente que afeta a sua alma. Se não tivesse vivenciado tais situações torna-se-ia indiferente ou, pelo menos, teria-se mostrado menos sensível.[38]

No livro de Jó, contemplamos a história de algumas pessoas que não se conformaram com a doença de seu amigo e, como resposta para a questão, criaram "fórmulas", as quais, segundo eles, seriam perfeitamente eficazes contra o "castigo" que Deus havia imputado a Jó pelo seu "terrível e oculto pecado". Vejamos algumas "fórmulas de cura" citadas durante o diálogo entre Jó e seus amigos:

"Mas, se tu de madrugada buscares a Deus e ao Todo-poderoso pedires misericórdia, se fores puro e reto, certamente, logo despertará por ti e restaurará a morada da tua justiça" (Jó 8.5,6). Essa fórmula foi ditada por Bildade. Certamente o que ele disse está biblicamente correto, sendo também muito louvável. Pode-se dizer que foi um ótimo conselho e, sem dúvida, partiu de um coração sincero e preocupado com seu amigo. Sua atitude incitou Jó a buscar a Deus e apresentar-se puro diante dEle. Contudo, apesar de tratar-se de um conselho espiritual, não era essa a fórmula para a cura de Jó. Esse homem buscava a Deus de madrugada muito tempo antes de sofrer qualquer tragédia: "... e se levantava de madrugada, e oferecia holocaustos" (Jó 1.5). Segundo o próprio Deus, era puro e reto: "Havia um homem na terra de Uz, cujo nome era Jó; e este era homem sincero, reto e temente a Deus e desviava-se do mal". Ele pediu várias vezes misericórdia, contudo só foi curado no tempo de Deus (Jó.1.1). Bildade queria ajudar, mas por não ter o poder de sondar os corações (que só Deus tem) deu uma fórmula errada. Vejamos a resposta de Jó: "Então, Jó respondeu: Na verdade sei que assim é; porque como se justificaria o homem para com Deus?" (Jó 9.1,2). A sinceridade de Jó é algo admirável! Ele sabia que aqueles conselhos iriam aproximá-lo de Deus, contudo tinha consciência de que nada daquilo iria justificá-lo perante o Senhor. Ele sabia que, por mais que cumprisse todo aquele ritual, Deus poderia não atendê-lo.

Outra "fórmula" foi dada por Zofar: "Se dispuseres o teu coração, e estenderes as tuas mãos a Deus; se lançares para longe a iniqüidade da tua mão, e não permitires habitar na tua tenda a injustiça; então levantarás o teu rosto sem mácula, estarás seguro, e não temerás, pois te esquecerás de teus sofrimentos, e deles só terás lembrança como de águas que passaram" (Jó 11.13-16).

Ainda mais uma fórmula, a de Elifaz: "Une-te, pois, a Deus, e tem paz e, assim, te sobrevirá o bem. Aceita, peço-te, a lei da sua boca e põe as suas palavras no teu coração. Se te converteres ao Todo-poderoso, serás edificado: afasta a iniqüidade da tua tenda. Então, amontoarás ouro como pó e o ouro de Ofir, como pedras dos ribeiros. E até o Todo-poderoso te será por ouro e por prata amontoada" (Jó 22.21-25).

O último de seus amigos, Eliú, não ofereceu fórmula nenhuma, pois estava tão irado contra Jó que desejou que fosse provado até o fim, além de querer defender Deus contra o pobre Jó: "E acendeu-se a ira de Eliú, filho de Baraquel, o buzita, da família de Rão; contra Jó se acendeu a sua ira, porque se justificava a si mesmo, mais do que a Deus... Pai meu! Provado seja Jó até ao fim, pelas suas respostas próprias de homens malignos... Espera-me um pouco, e mostrar-te-ei que ainda há razões a favor de Deus" (Jó 32.2; 34.36; 36.2). Certamente, Eliú não conhecia a lei divina do amor: "O amor é paciente,[39] é benigno,[40] o amor não arde em ciúmes,[41] não se ufana,[42] não se ensoberbece,[43] não se conduz inconvenientemente,[44] não procura os seus interesses, não se exaspera,[45] não se ressente do mal;[46] não se alegra com a injustiça, mas se regozija com a verdade... Quando eu era menino, falava como menino, sentia como menino, pensava como menino; quando cheguei a ser homem, desisti das cousas próprias de menino" (1 Co 13.4-6,11, ARA, Almeida Revista e Atualizada).

Baseado nesses versículos, creio que devemos orar pela cura e crer que Deus pode realizá-la. Contudo, caso não cure esta ou aquela pessoa, não devemos imputar nela culpa ou pecado algum — ainda que a doença seja conseqüência de um pecado —, mas sim fortalecê-la e ajudá-la. A tarefa de convencer o homem do pecado é exclusiva do Espírito de Deus, que espera que a nossa fé não se abale com os humanamente possíveis "fracassos da cura". Certamente, no *kairós*, "tempo de Deus", teremos uma gratificante experiência de cura divina pela misericórdia do Senhor.

Lembremo-nos sempre do maravilhoso hino:

Contra os males deste mundo,
Deus nos vale só;
Não há mal que Deus não cure,
Pois de nós tem dó.

Cristo cura, sim,
Cristo cura, sim,
Seu amor por nós é imenso;
Ele cura, sim!

Derramou seu sangue puro
Pr'a remir a mim;
Quando ungido sou de azeite,
Sou curado, enfim!

Só noss'alma é bem segura,
Oculta em Jesus;
Ele o bálsamo da vida,
Derramou na cruz.

Glória a Deus! Eterna glória,
Demos-lhe louvor;
Glória, cânticos e hosanas,
Dai ao Redentor!

(Hino 7 da *Harpa Cristã*)

- *A vontade de Deus* é que *proclamemos a libertação aos cativos* e *consolemos a todos os que choram.* Isto é, a pregação do Evangelho de Jesus tem o poder de libertá-los de todas as cadeias de maldição e do pecado e de livrá-los de todas as algemas (Jo 8.32).

A palavra "consolação" vem do vocábulo latino *consolatione* e significa "alívio, conforto, lenitivo". Consolar é suavizar o sofrimento e aflição de alguém.[47]

> O ministério da consolação é, pois, o ministério da vida; é o ministério de transmitir vida e lutar contra a morte e seus sinais. Consolar é lançar fora a morte que procura apoderar-se do próximo. Consolar é atender àquele que tem medo, angústia, depressão, apatia, vícios, ao que chora, ao que sente dor, frustração ou desespero. Consolar é levar a vida.[48]

Jesus é a *vida*. A vontade de Deus é que nos identifiquemos com o sofrimento alheio, assim como Ele se identificou com as nossas mazelas, desgostos, rejeições, fraquezas e enfermidades: "Alegrai-vos com os que se alegram e chorai com os que choram" (Rm 12.15). É inútil dizer a um portador do vírus da AIDS que ele não deve chorar. Se nos colocássemos em seu lugar, entenderíamos esse mistério. Tal é a angústia, que muitas vezes não pode conter o choro e as emoções: "Já não tenho mais lágrimas; meus olhos já estão vermelhos de tanto chorar e tenho profundas olheiras, como um homem prestes a morrer" (Jó 16.16, BV). Stephen Brown ressalta que as pessoas que não passaram por esse problema e se enveredam no aconselhamento acabam tendo um ponto de vista particular a respeito daqueles que sofrem e conseqüentemente diferente do ponto de vista de Cristo.

Todavia, no momento em que nos identificamos com o doente, podemos ajudá-lo com maior propriedade. Essa identificação fará com que ele esteja mais integrado conosco, o que nos permitirá conversar sobre os seus medos, tristezas, fraquezas, iras, culpas e assim levá-lo a Jesus, que também sofreu, foi abandonado pelos amigos e parentes, chorou, sentiu dor, desprezo; foi humilhado, sentiu-se fraco e morreu vergonhosamente, tendo o corpo massacrado pelas chagas, pendurado no madeiro, e isso fez por amor de nós. "Porque foi subindo como renovo perante ele e como raiz de uma terra seca; não tinha parecer nem formosura; e, olhando nós para ele, nenhuma beleza víamos, para que o desejássemos. Era desprezado e o mais indigno entre os homens, homem de dores, experimentado nos trabalhos e, como um de quem os homens escondiam o rosto, era desprezado, e não fizemos dele caso algum. Verdadeiramente, ele tomou sobre si as nossas enfermidades, e as nossas dores levou sobre si; e nós o reputamos por aflito, ferido de Deus e oprimido. Mas ele foi ferido pelas nossas transgressões e moído pelas nossas iniqüidades; o castigo que nos traz a paz estava sobre ele, e, pelas suas pisaduras, fomos sarados" (Is 53.2-5).

Concluindo, é necessário perseverança, ainda que no início de suas visitas o doente não sinta o desejo de se comunicar ou até manifeste o desejo de estar só. Com o passar do tempo e devido à nossa assiduidade, certamente se formará um laço de confiança e respeito entre nós e o doente. Deus se utiliza desse vínculo para mostrar o seu amor através de nossa vida, mesmo que no início não haja palavras.

Capítulo 3

A AIDS e o Salmo 38

O clamor no sofrimento

O meu espírito se vai consumindo, os meus dias se vão apagando, e só tenho perante mim a sepultura.
Jó 17.1

Antes de entrarmos no contexto do Salmo 38, gostaria rapidamente de tecer alguns comentários sobre o homem que Deus usou para preparar alguns desses cânticos e orações que nos enchem de gozo e conforto até os dias hodiernos.

Davi foi um dos homens que mais tiveram experiências com Deus. De um simples pastor de ovelhas passou a ser o maior dos reis que já reinaram em toda a terra. Ele escreveu 73 salmos, quase a metade do saltério.[49] Jesus Cristo o escolheu para ser o seu ancestral em sua árvore genealógica. Teve riquezas, glória e honra e chegou a alcançar a posição de "homem segundo o coração de Deus" (At 13.22), embora não tenha feito totalmente a vontade dEle. Davi pecou por ociosidade e cobiça (2 Sm 11.1,2); adulterou e cometeu homicídio (1 Sm 13.14). Porém, nesses momentos, não contou com a aprovação de Deus. Também experimentou diversas frustrações, abandono, fome, frio, medo, dor, e para cada uma dessas situações compôs um salmo inspirado pelo Espírito Santo.

O Salmo 38, por exemplo, é muito triste, pois nele Davi expressa dor não somente pelo pecado cometido, mas por causa da sua doença, que nesse caso tornou-se uma conseqüência do pecado. Ao ler a passagem bíblica pela primeira vez, senti as dores do salmista em minha alma e pude então me identificar não somente com ele, mas com dezenas de milhares de pessoas doentes, especialmente as que estão com AIDS. Senti a sua solidão, sua amargura e sua dor. Confesso que por dias sofri dores físicas em meu corpo. O Espírito me tomou pela mão e me levou a passear no meio do "vale dos ossos secos", a fim de sentir a dor e a tristeza das pessoas. Tentando de alguma maneira entender o mistério da identificação de Cristo por nós, aprendi muito nessa fase, embora naqueles momentos não entendesse bem o porquê.

Tentarei transcrever uma carta que recebi de um irmão em Cristo, ex-homossexual. Ele sofreu as conseqüências da AIDS em seu corpo, doença que adquiriu devido ao seu modo de vida pecaminoso. Hoje, contudo, tem sua alma livre do pecado, e creio que em breve estará completamente curado, manifestando assim a glória de Deus. A fim de preservá-lo e evitar possíveis constrangimentos futuros, utilizarei um pseudônimo.

Através desta carta, seremos capazes de entender, de modo objetivo, quais são alguns dos sentimentos de uma pessoa portadora do vírus HIV:

> Rio, 03/08/97
> Para o meu querido irmão Marcelo.
> As reações que tive ao saber sobre minha doença me trouxeram muitas tristezas, depressões constantes, sentimentos de culpa devido ao meu pecado [homossexualismo]. Senti-me muito arrependido pelo fato de haver vivido em prostituições.
> Quando me pediram para fazer um teste HIV, levei um susto terrível, pois achava que isso nunca poderia acontecer comigo. Comecei a ficar preocupado e fiz o primeiro teste, mas já tinha certeza de que estava com o vírus, porque minha situação física começou a agravar-se: dores terríveis no estômago, crises constantes de diarréia (a ponto de apresentar sangramentos), quedas de cabelo e manchas desconhecidas espalhadas por todo o meu corpo. Passei dias sem poder dormir, só conseguia chorar com medo daquela doença; temia contar para a família e perder os amigos.
> Já não tinha lágrimas para chorar, quando então pensei em me matar, me atirar debaixo de um carro.
> Ao emagrecer mais ou menos 13 quilos, me senti como se estivesse perdendo algo que estava dentro de mim, já não sentia mais esperanças de viver. Comecei a ficar perturbado. Algo estava possuindo minha mente e me levando à loucura. Estava ficando com a mente calcificada e retardada. Perdi a memória, e nem a minha própria mãe conhecia. Talvez isso tenha ocorrido em função da infecção causada pelos vírus encontrados dentro das células do meu tecido nervoso.

Pensei que fosse o meu fim e que Jesus não me aceitaria, mas Ele é misericordioso e aqui estou, louvando e exaltando o seu nome.

Do seu irmão e amigo José

Atualmente, o irmão José está com o seu peso restabelecido, e as manchas pelo corpo estão desaparecendo. Sua memória voltou e suas funções neurológicas estão perfeitas, apesar de ter apresentado uma grave doença, a neurotoxoplasmose, que segundo os exames médicos desapareceu completamente, sem deixar vestígios. Além disso, foi curado da cegueira. Foi também batizado com o Espírito Santo e está começando a pregar a Palavra em algumas igrejas. De tempos em tempos, visita conosco outros doentes vítimas da AIDS em alguns hospitais. Estamos esperando que, segundo a vontade de Deus, ele venha a ser completamente curado.

Vejamos agora o que diz o Salmo 38 e a sua aplicação no que tange à contaminação pelo vírus da AIDS:

3.1 A culpa

"Ó Senhor, não me repreendas na tua ira, nem me castigues no teu furor" (Sl 38.1).

"Qual deus é como tu, que tira a culpa e perdoa o crime, que não guarda para sempre a sua ira, porque prefere o amor?" (Mq 7.18, BJ, Bíblia de Jerusalém).

A culpa surgiu em Adão. Naquele momento, sobreveio sobre o casal, Adão e Eva, o sentimento acusador por haverem pecado. Eles tentaram se esconder de Deus, a quem haviam desobedecido, e perceberam, por ação do conhecimento do bem e do mal, que estavam nus: "Então, foram abertos os olhos de ambos, e conheceram que estavam nus"; e coseram folhas de figueira, e fizeram para si aventais" (Gn 3.7). Ao passear pelo jardim, o Senhor percebeu que suas "obras-primas" haviam se escondido: "E ouviram a voz do SENHOR Deus, que passeava no jardim pela viração do dia; e escondeu-se Adão e sua mulher da presença do SENHOR entre as árvores do jardim" (Gn 3.8). Ao ser questionado por Deus, Adão tenta se livrar do sentimento de culpa, transferindo-o para Eva e por último para o próprio Deus: "A mulher que me deste por companheira, ela me deu da árvore, e comi" (Gn 3.12b). Deus, então, sacrificou um animal e cobriu Adão e Eva: "E fez o SENHOR Deus a Adão e a sua mulher túnicas de peles e os vestiu" (Gn 3.21). Ele mostrou de maneira figurada que a culpa do pecado só pode ser coberta mediante o sacrifício e com derramamento de sangue.

O pecado gera culpa que, segundo Deus, é digna de morte. O homem, ao tentar eliminar sua culpa, quis esconder o pecado através do avental de folhas de figueira. Deus providenciou, portanto, um substituto imperfeito, o animal, para cobrir o pecado do homem. Todavia, o próprio Deus sabia que o sacrifício de animais apenas cobria os pecados, ou seja, eles continuavam existindo apesar de terem sido cobertos: "Porque é impossível que o sangue dos touros e dos bodes tire pecados" (Hb 10.4). Por esse motivo, o Senhor enviou o sacrifício perfeito, a saber: Jesus Cristo. "Eis o Cordeiro de Deus, que tira o pecado do mundo!" (Jo 1.29b). Pode-se dizer que Deus apagou completamente os nossos pecados, lançando-os no mar do esquecimento, e que temos paz com Deus, pois Jesus Cristo derramou o seu próprio sangue como sacrifício pelos nossos pecados. Portanto, ele nos livra de toda a culpa! "Na qual vontade temos sido santificados pela oblação do corpo de Jesus Cristo, feita uma vez" (Hb 10.10).

> Só Cristo podia libertar os homens das conseqüências do delito de Adão e do pecado. Sendo uma Pessoa divina, Ele podia hipostasiar a natureza humana na sua totalidade e, assumindo-a plenamente, restaurá-la pelo seu poder divino; reunir e conformar nEle essa natureza com a sua divindade, tornando-se assim o novo Adão plenamente cumprido, tendo realizado totalmente o projeto divino que o primeiro homem havia negligenciado levar ao seu termo.[50] (Teodoreto de Ciro, *Cartas*, 114,115)

Conforme Êxodo 30.10a: "E uma vez no ano Arão fará expiação sobre as pontas do altar com o sangue do sacrifício das expiações..."; o que também foi profetizado por Isaías: "Todavia, ao Senhor agradou moê-lo, fazendo-o enfermar; quando a sua alma se puser por expiação do pecado, verá a sua posteridade, prolongará os dias; e o bom prazer do SENHOR prosperará na sua mão" (Is 53.10); confirmado previamente por Jesus: "Porque isto é o meu sangue, o *sangue* do Novo Testamento, que é derramado por muitos, para remissão dos pecados" (Mt 26.28); revelado pelo Espírito Santo a João Batista: "No dia seguinte, João viu a Jesus, que vinha para ele, e disse: Eis o Cordeiro de Deus, que tira o pecado do mundo" (Jo 1.29); e, finalmente, cumprido no perfeito altar (na cruz do Calvário), com o sacrifício único, perfeito e eficaz (Jesus): "E, levando ele às costas a sua cruz, saiu para o lugar chamado Calvário, que em hebraico se chama Gólgota, onde o crucificaram..." (Jo 19.17,18a).

No Salmo 38, vemos que aparentemente Davi havia cometido um grave pecado contra Deus (2 Sm 12). Ele confessa que as suas dores e o seu tormento foram frutos de sua desobediência à Palavra de Deus, o que resultou em um comportamento benéfico chamado "tristeza construtiva", como veremos mais adiante.

De um modo geral, a AIDS é uma doença profundamente estigmatizada pelas pessoas e até mesmo pelo próprio doente. Existem muitos preconceitos relacionados ao modo como se é contaminado pelo vírus, embora ele não seja exclusivamente transmissível pelo sexo ou pelas drogas.

Grande parte dos indivíduos portadores do vírus da AIDS crêem consciente ou inconscientemente que são culpados de estarem doentes. Muitos realmente foram responsáveis, pois agiram de forma ilícita — fora da vontade de Deus.[51]

Os familiares também experimentam essa sensação de culpa:

Eles podem precisar de ajuda para lidar com o estigma[52] relacionado à AIDS – os seus próprios sentimentos de vergonha e culpa e a reações dos outros. A hostilidade dos outros pode fazê-los sentir raiva e proteção de seu parente afetado e ajudá-los a trabalhar com sua ambivalência.[53,54]

O uso de drogas, o sexo livre e desregrado, a fornicação, o adultério,[55] o homossexualismo e o bissexualismo, entre outros desvios, são abominações diante do nosso Deus. Ele ama todos os seres humanos, mas abomina os seus pecados. Sabe que pecado é tudo aquilo que faz com que estejamos separados de Deus; é errar o alvo. Por esse motivo, Jesus entregou-se voluntariamente na cruz, para que hoje, libertos de todo o pecado pelo seu sangue, "nenhuma condenação houvesse a todos quantos cressem no seu nome" (Rm 8.1).

A ira de Deus sobre os nossos pecados pode resultar ou não em morte física, e até mesmo em uma doença, como ocorreu com o paralítico que Jesus curou: "Eis que já estás são; não peques mais, para que te não suceda alguma coisa pior" (Jo 5.14);[56] ou no relato do salmista: "Há ainda os tolos, pessoas que foram castigadas com doenças por causa de andarem no caminho do pecado, desobedecendo a Deus" (Sl 107.17, BV). Um exemplo de castigo capital devido ao pecado está registrado em Atos 12.21-23: "E, num dia designado, vestindo Herodes as vestes reais, estava assentado no tribunal, e lhes dirigiu a palavra; e o povo exclamava: Voz de Deus, e não de homem! No mesmo instante, feriu-o o anjo do SENHOR, porque não deu glória a Deus; e, comido de bichos,[57] expirou". Flávio Josefo relata com mais detalhes a morte de Herodes:

> Logo depois, sua doença estendeu-se a todas as partes do corpo e não havia quase membros em que não sentisse dores horríveis e cruciantes. A febre era muito alta; ele emagrecia a olhos vistos e era atormentado por violentas cólicas. Os pés estavam inchados e lívidos; o ventre, também; todos os nervos estavam frouxos, as partes do corpo que se ocultam por pudor estavam tão corrompidas que eram pastos de vermes e ele respirava com extrema dificuldade. Os que o viam nesse estado refletiam sobre o justo juízo de Deus, julgavam que era um castigo da sua crueldade para com Judas e Matias.[58]

Isso não significa dizer que todos os que se encontram doentes com AIDS, ou qualquer outra enfermidade, estejam pagando pelos seus pecados, pois Jesus também curou sem que precisasse perdoar pecados, como no caso da mulher que tinha um fluxo de sangue há doze anos: "E disse Jesus: Alguém me tocou, porque bem conheci que de mim saiu virtude. Então, vendo a mulher que não podia ocultar-se, aproximou-se tremendo e, prostrando-se ante ele, declarou-lhe diante de todo o povo a causa porque lhe havia tocado e como logo sarara. E ele lhe disse: Tem bom ânimo, filha, a tua fé te salvou; vai em paz" (Lc 8.46-48).

Mas, infelizmente, alguns de nós não pensam dessa maneira, pois cremos que o castigo de Deus tem de ser terreno, embora a Bíblia diga que este, às vezes, só ocorre após a morte física. Stephen Brown explica:

> Há sempre aqueles que diriam que Deus olha aqui para baixo, de lá do céu, e diz: "Ah, ah! Peguei você! Agora você vai contrair esta doença". E então ele dá AIDS, ou herpes, a todos aqueles que cometeram atos imorais. Isso não é verdade. Mas permanece o fato de que, se tivéssemos obedecido às leis de Deus desde o princípio, não teríamos problemas com tais doenças agora. Essas doenças são parte do julgamento de Deus, mas não como algumas pessoas pensam. Elas não significam julgamento particular, específico e cheio de rancor sobre as pessoas que fazem o mal; são, antes, as conseqüências "embutidas" do ignorar as direções claras de Deus.[59]

A cruz indica o lugar onde Cristo morreu por nossos pecados e demonstra o amor de Deus, sendo também o sinal do seu sofrimento. Acredito que Deus lamenta, em choro, todas as vezes que alguém morre de AIDS. Da mesma forma como a mãe lamenta quando o filho, que pensava estar no quintal, pula a cerca e acaba por ser atropelado por um carro.

O que já apresentamos aqui nos leva à conclusão de que nem as enfermidades, nem as pragas que assolam o homem são enviadas por um Deus severo, a fim de vingar-se da humanidade. O que Deus enviou ao mundo foi exatamente o contrário: um indefeso bebê que se criou e se educou entre os homens, comeu e chorou com eles, e sofreu, dando a sua vida por eles, para que pudessem desfrutar a vida eterna.[60]

> Irineu escreve no mesmo sentido:
> "A todos quantos se separaram dEle, [Deus] inflinge a separação que eles próprios escolheram. Ora, a separação de Deus é a morte; a separação da luz são as trevas; a separação de Deus é a perda de todos os bens que procedem dEle. Aqueles, pois, que pela sua apostasia perderam tudo o que acabamos de dizer, são lançados em todos os castigos: Não que Deus tome a iniciativa de castigá-los, mas o castigo segue-os; por isso mesmo encontram-se privados de todos os bens."[61]

Veremos que até mesmo os discípulos tinham um pensamento equivocado sobre esse assunto: "E, passando Jesus, viu um homem cego de nascença. E os seus discípulos lhe perguntaram, dizendo: Rabi, quem pecou, este ou seus pais, para que nascesse cego? Jesus respondeu: Nem ele pecou, nem seus pais; mas foi assim para que se manifestasse nele as obras de Deus" (Jo 9.1-3). Nesse texto, dois pontos merecem ser considerados:

Primeiro, Jesus é o único capaz de julgar com justiça. Ninguém tem o direito de imputar pecados a qualquer pessoa indiscriminadamente, pois os fatos nem sempre são o que parecem. Nem todo cego de nascença ou paralítico, ou surdo, ou mesmo doente com AIDS está enfermo por conseqüência de uma vida pecaminosa. Morrer com AIDS, ou com qualquer outra doença, não significa necessariamente estar sendo castigado por Deus ou não ter recebido perdão dos seus pecados.

Segundo, o que são as "obras de Deus"? Jesus afirmou: "A obra de Deus é esta: que creiais naquele que ele enviou" (Jo 6.29b). Como exemplo, podemos citar também as obras feitas pelo próprio Deus: "E Jesus, respondendo, disse-lhe: Ide e anunciai a João as coisas que ouvis e vedes: Os cegos vêem, e os coxos andam; os leprosos são limpos, e os surdos ouvem; os mortos são ressuscitados, e aos pobres[62] é anunciado o evangelho" (Mt 11.4,5). Isso significa que as curas são obras de Deus, mas o Evangelho sendo pregado aos pobres também.

Já ouvi alguém dizer que se uma pessoa doente não for curada, esse é um sinal de que seus pecados não foram perdoados. Os fariseus também pensavam dessa maneira:

> Alguns rabinos chegavam a afirmar: "Nenhum enfermo será curado de sua enfermidade até que Deus o haja perdoado de todos os seus pecados". Um judeu enfermo era alguém desprezado por Deus até que se arrependesse.[63]

"Responderam eles [os fariseus] e disseram-lhe: Tu és nascido todo em pecado, e nos ensinas a nós? E expulsaram-no [o ex-cego]" (Jo 9.34). Mas, veja bem, será que as boas obras referem-se apenas à cura? A salvação não faz parte das obras de Deus? Já perdi a conta do número de pessoas que se renderam a Cristo devido a uma enfermidade e contudo não foram curadas. Morreram, porém estão vivas! "Disse Jesus: Eu sou a ressurreição e a vida; quem crê em mim, ainda que esteja morto, viverá; e todo aquele que vive e crê em mim nunca morrerá. Crês tu isso?" (Jo 11.25,26).

Certamente essas pessoas contaram com a maior obra a ser realizada na vida de um ser humano: a salvação de sua alma, cujo preço foi altíssimo e só Jesus pôde pagar. Mas para alguns — os fariseus — a cura é o mais importante. Os que dizem ser as doenças sempre decorrência do pecado, geralmente se baseiam erroneamente em Tg 5.16, que afirma: "Confessai[64] as vossas culpas uns aos outros e orai uns pelos outros, para que sareis;[65] a oração feita por um justo pode muito em seus efeitos". É verdade que esse versículo se refere a pessoas que adoeceram devido a atos pecaminosos, como os homossexuais que adquiriram AIDS, os viciados em drogas, as prostitutas, e outros. Contudo, se observarmos o contexto desse versículo, entenderemos que ele não se aplica a todos os doentes: "Está alguém entre vós doente? Chame os presbíteros da igreja, e orem sobre ele, ungindo-o com azeite em nome do SENHOR; e a oração da fé salvará o doente, e o SENHOR o levantará; e, se houver cometido pecados, ser-lhe-ão perdoados. Confessai as vossas culpas uns aos outros e orai uns pelos outros, para que sareis; a oração feita por um justo pode muito em seus efeitos" (Tg 5.14-16).

O versículo16 associa-se diretamente ao versículo 15, "se houver cometido pecados", ou seja, caso o doente tenha pecados, estes ser-lhe-ão perdoados mediante a sua confissão e o arrependimento. Mas, de modo algum, significa que todos os que se encontram doentes estão em pecado, pois se assim fosse, a partícula condicional "se" (do grego *kan*) não deveria constar no versículo. Nesse caso, o versículo seria: "E a oração da fé salvará o doente, e o Senhor o levantará, pois está em pecado"!

Nenhuma escritura pode ser interpretada separadamente e fora do contexto, como disse Pedro: "Sabendo primeiramente isto: que nenhuma profecia da Escritura é de particular interpretação" (2 Pe 1.20). Como se vê, a Bíblia explica a Bíblia.

Outra confusão é pensar que a AIDS é sinal de um castigo para pecados mais graves. Quanto a esse pensamento, só tenho a citar Lucas 13.1-5: "E, naquele mesmo tempo, estavam presentes ali alguns que lhe falavam dos galileus cujo sangue Pilatos misturava com os seus sacrifícios. E, respondendo Jesus, disse-lhes: Cuidais vós que esses galileus foram mais pecadores do que todos os galileus, por terem padecido tais coisas? Não, vos digo; antes, se vos não arrependerdes, todos de igual modo perecereis. E aqueles dezoito sobre os quais caiu a torre de Siloé e os matou, cuidais que foram mais culpados do que todos quantos homens habitam em Jerusalém? Não, vos digo; antes, se vos não arrependerdes, todos de igual modo perecereis".

Parafraseando: "Pensais que os portadores da AIDS foram mais pecadores que os que morreram atropelados, ou de infarto, ou de velhice? Não, vos digo! Antes, se não vos arrependerdes, todos de igual modo perecereis..."

O livro *Decisões de vida ou morte*[66] expõe um comentário de um médico cristão que já passou por essa situação de "julgamento moral da AIDS":

> A AIDS pode fazer aflorar o fariseu em nós. Um dos meus primeiros pensamentos quando comecei a tratar James (paciente com AIDS, o qual contraiu a doença por relações homossexuais) foi o de agradecer a Deus por não ser como ele. Lembrei-me, então, da conclusão moral que Jesus acrescenta à parábola do fariseu e do publicano: "... porque qualquer que a si mesmo se exalta será humilhado, e qualquer que a si mesmo se humilha será exaltado" (Lc 18.14)... Ao lidar com portadores da AIDS, podemos ser tentados a querer desprezá-los, a pensar que somos mais corretos do que eles. Iniciei o tratamento de James assumindo uma atitude farisaica, agradecendo a Deus por não ser "como os outros homens"... No meu íntimo, estava aprovando seu sofrimento e sua morte inevitável. Considerei essa minha atitude como um pecado igual ao dele – não, como um pecado maior, segundo Jesus, se aquele paciente houvesse se arrependido...[67] Busco ser como Ele, que tocou em leprosos e prostitutas, que tomou a si a condenação, que suportou o estigma.

No livro de Eclesiastes 8.11-14, lemos: "Visto como se não executa logo o juízo sobre a má obra, por isso o coração dos filhos dos homens está inteiramente disposto para praticar o mal. Ainda que o pecador faça mal cem vezes, e os dias se lhe prolonguem, eu sei com certeza que bem sucede aos que temem a Deus, aos que temerem diante dele. Mas ao ímpio não irá bem, e ele não prolongará os seus dias; será como a sombra, visto que ele não teme diante de Deus. Ainda há outra vaidade que se faz sobre a terra: há justos a quem sucede segundo as obras dos ímpios, e há ímpios a quem sucede segundo as obras dos justos. Digo que também isso é vaidade". Há, pelo menos, três pontos importantes nesse texto:

1. *O juízo de Deus nem sempre se executa na vida de algumas pessoas durante a sua existência terrena* — No entanto, isso não significa que não serão posteriormente julgadas: "Mas ao ímpio não irá bem..." Descarta também a teologia de que toda pessoa próspera é abençoada materialmente nesse mundo, sendo menos pecadora ou aprovada por Deus, tornando-se assim "favorecida" por Ele.

2. *Há pessoas justas que sofrem como se fossem ímpias* — Sendo assim, descartamos o pensamento de que provações e problemas são sempre conseqüências de pecados e que as pessoas tementes a Deus não podem ficar doentes: "Tudo sucede igualmente a todos: o mesmo sucede ao justo e ao ímpio, ao bom e ao puro, como ao impuro. Assim ao que sacrifica como ao que não sacrifica, assim ao bom como ao pecador, ao que jura como ao que teme o juramento" (Ec 9.2).

3. *Há pessoas ímpias que vivem gozando dos bens terrenos como se fossem justas, além disso são sadias e vivem longos anos* — Podemos dizer que a maior punição que essas pessoas sofrem, enquanto estão vivas, é a separação espiritual de Deus. Elas podem viver impiamente gozando de muitos bens, mas são tristes, vazias e estão totalmente insatisfeitas com aquilo que possuem. O ímpio pode ter saúde perfeita, mas sem Deus está espiritualmente doente e condenado à morte.

Quando o doente com o vírus HIV positivo começa a manifestar os sintomas da doença, tende a barganhar com Deus a fim de ser curado e ter as suas dores físicas atenuadas ou abreviadas. Ele busca diminuir a sua solidão, o seu preconceito pelos "não doentes" ou por doentes com outras enfermidades não tão estigmatizadas, no intuito de que a sua própria morte seja antecipada: "Dizendo eu: Consolarme-á a minha cama, meu leito aliviará a minha ânsia! Então, me espantas com sonhos e com visões me assombras; pelo que a minha alma escolheria, antes, a estrangulação; e, antes a morte do que estes meus ossos. A minha vida abomino, pois não viverei para sempre. Retira-te de mim; pois vaidade são os meus dias" (Jó 7.13-16).

Assim como Jó e o salmista, o doente considera a doença um castigo de Deus pelos seus pecados passados, e esse raciocínio pode causar tanto resignação como revolta: "Até quando não apartará de mim a tua vista? Até quando me não deixarás, nem me largarás, até que engula a minha saliva? Se pequei, que te farei, ó Guarda dos homens? Por que fizeste de mim um alvo para ti, para que a mim mesmo me seja pesado? E por que não me perdoas a minha transgressão, e não tiras a minha iniqüidade? Pois agora me deitarei no pó, e de madrugada me buscarás, e não estarei lá" (Jó 7.19-21).

Segundo o Dr. Jack Young,[68] formado em clínica pastoral e também capelão no Instituto Batista de Educação Religiosa, citando Narramore (1984), afirma que existem dois tipos de culpa, a saber: a culpa psicológica e a tristeza construtiva. Segundo ele, as diferenças entre as duas são:

- Em relação a si mesmo, ou seja, a culpa psicológica provoca raiva e/ou frustração, enquanto a tristeza construtiva produz amor, respeito e profundo arrependimento;

- Em relação à atitude para com Deus, a culpa psicológica gera autonomia e auto-suficiência, enquanto a tristeza construtiva gera maior dependência de Deus;
- A culpa psicológica faz com que evitemos sentir o mal, preservando-nos a qualquer custo, porém sem sucesso, enquanto a tristeza construtiva nos leva a ajudar os outros, a crescer espiritualmente, fazendo a vontade de Deus;
- O foco principal da culpa psicológica está na lembrança do mau comportamento passado, enquanto o da tristeza construtiva está no resultado dos danos feitos a outras pessoas e no desejo de mudanças para um futuro comportamento, fundamentado em atitudes corretas;
- O principal foco da culpa psicológica é a própria pessoa (egocentrismo), enquanto a tristeza construtiva se preocupa com os ofendidos ou com os relacionamentos desfeitos;
- Os resultados da culpa psicológica são: a) mudança externa (motivação inconveniente); b) estagnação (inatividade) pelo efeito paralisante da culpa; c) aumento da rebelião. Em contrapartida, a tristeza construtiva gera arrependimento e mudança baseados na atitude de respeito e amor (YOUNG, Jack. *Cuidados pastorais em horas de crise.* 3.ed. Rio de Janeiro: Juerp).

Devemos buscar, através da Palavra e das orações e com a ajuda do Espírito Santo, proporcionar um ambiente favorável à compreensão do perdão de Deus, que é total e irrestrito, evitando assim a culpa psicológica, que apenas distancia o enfermo de Deus. Portanto, é nosso dever:

> Distinguir entre a correção de Deus sobre seus filhos, que é firme, mas amável, e a punição contra aqueles que rejeitam a Cristo, não admoestar ou pregar com ira, avaliar a si próprio evitando manipular os ouvintes, reconhecer seus próprios fracassos.[69]

A tristeza construtiva é produto único da ação do Espírito, isto é, o visitador não tem como provocar tal sentimento por si só. Na maioria das vezes, quando não medimos nossas palavras e atitudes ao tentar "provocar" o arrependimento, podemos aumentar ainda mais a culpa psicológica, levando progressivamente o doente ao afastamento de Deus. Como disse C. H. Spurgeon:

> Na verdade, nenhum poder humano jamais pode produzir convicção genuína ao coração de um só pecador que seja; tem que ser obra do Espírito Santo.[70]

Note que a consciência funciona como uma espécie de aguilhão.[71] Portanto, "é duro recalcitrar contra os aguilhões", disse Jesus a Paulo (At 9.5). Vale a pena lembrar que mesmo aqueles que não tiveram a oportunidade de ser evangelizados também serão julgados, segundo os seus atos, pela lei da consciência. Porém, essa lei não fará com que ninguém seja inocente perante Deus (Rm 2.14-16).

Oremos, pois, irmãos, para que Deus nos capacite a pregar o arrependimento sem acrescer mais peso sobre aqueles que já sofrem demais, certos de que o Espírito Santo de Deus tem o poder de convencer o homem do pecado, da justiça e do juízo: "E, quando ele vier, [o Espírito Santo] convencerá o mundo do pecado, e da justiça, e do juízo: do pecado, porque não crêem em mim; da justiça, porque vou para meu Pai, e não me vereis mais; e do juízo, porque *já* o príncipe deste mundo está julgado" (Jo 16.8-11). Oremos também para que Deus abra o nosso entendimento para que deixemos de pregar o evangelho de acusações, bem diferente do Evangelho restaurador da graça, pregado por Cristo Jesus (Lc 17.3,4).

3.2 A DETERIORAÇÃO FÍSICA

"As minhas chagas cheiram mal e estão corruptas, por causa da minha loucura" (Sl 38.5).

Uma das mais trágicas seqüelas da AIDS é a deterioração física. Seria muito difícil tratar de modo detalhado esse assunto tão complexo. Tentaremos de maneira simples e sucinta elucidar algumas das patologias mais comuns ao soropositivo.

> As devastações no corpo de uma pessoa com AIDS são numerosas: ocorrem quase sempre uma perda de peso, a possibilidade da decomposição da pele, perda de cabelo, lesões cutâneas, lesões exsudativas (líquido presente em ferimentos de doenças inflamatórias), perda do controle de excreções e outras concomitâncias desagradáveis por infecções oportunistas.[72]

A dermatite seborréica (cascas de ferimentos espalhados pelo corpo) também é um tipo de inflamação proveniente da AIDS: "A minha carne se tem vestido de bichos e de torrões de pó; a minha pele está gretada e se fez abominável" (Jó 7.5). A candidíase ou monilíase são manchas esbranquiçadas e leitosas, altamente pruriginosas,[73] e apresentam-se geralmente na boca e na genitália. O sarcoma de Kaposi, que é um tipo de câncer de pele, pode estar presente em todo o corpo, além das vísceras e cérebro (esse tipo de câncer era extremamente raro, só se apresentando até então em idosos imunodeprimidos[74]).

O emagrecimento é sensível. Geralmente a perda corporal é superior ou igual a dez por cento do peso total, o que leva o doente à caquexia,[75] em grande parte devido às diarréias constantes e à anorexia[76] causadas pelos medicamentos e pela própria doença: "De modo que a sua vida abomina o pão, e a sua alma, a comida apetecível. Desaparece a sua carne a olhos vistos, e os seus ossos, que não se viam, agora se descobrem. A sua alma vai-se chegando à cova, e a sua vida aos que trazem a morte" (Jó 33.20-22); ou: "Além disso, Deus manda uma doença grave ou uma dor muito forte que chega a agitar os ossos, a ponto de o homem perder completamente a vontade de comer, por mais gostosa que seja a comida. Ele vai emagrecendo até restar quase que só pele e osso. Pouco a pouco, a morte se aproxima dele!" (Jó 33.19,20-22, BV); e ainda: "Os meus ossos se apegam à minha pele e à minha carne; e escapei só com a pele dos meus dentes" (Jó 19.20).

Há ainda a toxoplasmose, que promove alterações na musculatura esquelética — músculos responsáveis pelos movimentos do corpo —, causando dores terríveis e deformações de ordem cerebral[77] (a neurotoxoplasmose) e visual (o estrabismo) e até mesmo a cegueira. A febre intensa em períodos determinados do dia causam calafrios no doente: "Enegreceu-se a minha pele sobre mim, e os meus ossos estão queimados do calor" (Jó 30.30).

Essas doenças chocam a todos nós. A deterioração de um corpo humano nos conscientiza de que somos pó e estamos também sujeitos às mesmas doenças e ao mesmo fim, apesar de quase sempre acharmos que tais coisas não ocorrem com os justos. No caso do salmista, entendemos que ele atribui essa deterioração à sua própria loucura. Mais uma vez, reconhece a culpa por estar sofrendo.

No versículo 6 do Salmo 38, o salmista discorre sobre o encurvamento que, no caso da AIDS, seria a depressão.[78] O estado de luto pela passagem no "vale da sombra da morte" (Sl 23.4), o desconhecido, somado à degradação de sua autoimagem e à morte dos companheiros de quarto e de enfermaria, antecipam em sua mente a imagem de sua própria morte.

De tempos em tempos, o filme se repete, e o doente recepciona o substituto de seu ex-companheiro de quarto, indagando-se: "Qual de nós verá o próximo morrer"? Além disso, os gemidos por vezes são a única melodia do ambiente, e o enfermo passa a ter terríveis insônias: "Deitando-me a dormir, então, digo: Quando me levantarei? Mas comprida é a noite, e farto-me de me voltar na cama até à alva" (Jó 7.4).

No versículo 7, o assunto-chave são as dores. Aliás, esse sintoma, na maioria das doenças terminais, é realmente terrível. Principalmente em casos de pacientes com AIDS, pois essa doença caracteriza-se por uma grande quantidade de patologias causadoras de dor, como já citamos acima: "Nenhum lhe dizia palavra alguma, porque viam que a dor era muito grande" (Jó 2.13b).

O herpes Zoster, muito freqüente na AIDS, é reconhecido como uma doença bastante dolorosa. Com o decorrer do tempo, o doente acamado vai formando pequenas áreas de vermelhidão em pontos onde existem extremidades ósseas em contato com a superfície da cama. Essas manchas evoluem para pequenos ferimentos, os quais por sua vez progridem para grandes ferimentos tecnicamente denominados de escaras. Em pacientes soropositivos, costumam aprofundar-se até os ossos. As dores podem ser constantes e muito intensas. O tratamento quase não surte efeito devido à baixa imunidade do doente, condição que impede o seu organismo de combater as infecções decorrentes do ferimento.

No versículo 8, o salmista Davi tipifica o melhor retrato comparativo bíblico já citado para ilustrar o quadro clínico daqueles que se encontram mergulhados no sofrimento. Em primeiro lugar, ele afirma que se encontra muito quebrantado; num estado de dependência total para as atividades mais simples, tais como: comer, tomar banho, tomar medicamentos, realizar higiene íntima após usar o banheiro, urinar etc. Tudo isso somado ao preconceito que sofre em relação à doença — no caso da AIDS, alguns têm medo de ser contaminados ao visitar ou cuidar de um doente.

Em segundo, "dou gemidos pelo efeito do desassossego do meu coração". Na AIDS, bem como na maioria das doenças ditas terminais, o desassossego faz parte do cotidiano pessoal. Não se tem certeza de absolutamente nada, o amanhã é indefinido e obscuro, novos sintomas aparecem a cada dia. Dia após dia, o exame minucioso diante do implacável espelho à procura do sinal de uma nova enfermidade torna a vida do doente um verdadeiro martírio. A exteriorização de tudo isso tem como resultado os gemidos. A Bíblia nos garante que a boca fala do que o coração está cheio: "Raça de víboras, como podeis vós dizer boas coisas, sendo maus?

Pois do que há em abundância no coração, disso fala a boca" (Mt 12.34). Um coração cheio de amor fala de amor; um coração cheio de Deus fala de Deus; um coração cheio de desassossego dá gemidos. Deus está interessado em nossos gemidos: "E, quando o SENHOR lhes levantava juízes, o SENHOR era com o juiz e os livrava das mãos dos seus inimigos, todos os dias daquele juiz; porquanto o SENHOR se arrependia pelo seu gemido, por causa dos que os apertavam e oprimiam" (Jz 2.18). Deus está interessado também nos gemidos das vítimas da AIDS. Vejamos abaixo alguns exemplos, retirados de episódios vividos por mim como enfermeiro.

Minha primeira experiência em uma enfermaria onde havia pessoas com AIDS foi como acadêmico. Confesso que na época tive medo. Lembro-me perfeitamente de que logo que adentrei a enfermaria, olhei para o fundo do corredor e ouvi no último leito gemidos terríveis que invadiram minha alma. Nas primeiras semanas, não passava da metade do corredor central. Com o passar do tempo, comecei a perder o medo e, impulsionado pelo Espírito, resolvi ir até o lugar de onde vinham aqueles sons de lamento. Para surpresa minha, tive uma das maiores experiências de conversão de toda a minha vida, por isso resolvi nomear este livro com o título *Quem tem medo da AIDS?*

Escondido e segregado de todos, conheci naquele leito um jovem com cerca de trinta anos de idade. Ele era o autor dos gemidos. Com muito medo, cheguei perto dele e perguntei se estava tudo bem (pergunta absolutamente ridícula para se fazer a uma pessoa em fase terminal). Ele prontamente me respondeu de forma negativa, através de gestos. Betinho (pseudônimo) já não articulava bem as palavras, no entanto se comunicava por sons ("gemidos", Sl 38.8) e por gestos que com o tempo foram cessando devido à toxoplasmose. O tempo foi passando, e ficamos amigos. Aquela experiência foi realmente tremenda. Sua aparência em nada se relacionava ao seu caráter e doçura. Comecei, então, a entender que aquele gemido era na verdade uma maneira de chamar a atenção das pessoas, pois quase sempre quando chegávamos, ele reclamava das fortes dores no corpo. Por fim, Betinho confessou com muita alegria que Jesus era o Senhor de sua alma, lutou pela vida até o último instante, surpreendendo a todos: médicos, enfermeiros, auxiliares. Nunca o vi reclamar de Deus. Aquele homem foi um grande exemplo de transformação. Espero um dia encontrá-lo no céu.

No Salmo 88, uma das súplicas de Davi expressa o sentimento de estar longe dos companheiros: "Alongaste de mim os meus conhecidos, fizeste-me em extremo abominável para eles; estou fechado, e não posso sair" (v. 8). E ainda: "Afastaste para longe de mim amigos e companheiros; os meus íntimos amigos agora são trevas" (v. 18).

> Amigos, colegas de trabalho e de clube ou grupos geralmente se afastam com a progressão da AIDS. Inicialmente, pode haver confusão sobre o que está errado com a pessoa com AIDS. Alguns podem saber "toda a história" e outros não. A primeira hospitalização pode reunir muito apoio, com cada re-hospitalização posterior cobrando em tempo energia de outros que estão em condições de dar. O súbito declínio físico e mental pode ser muito arrasador para ser enfrentado por aqueles da mesma faixa etária, trabalho ou outra categoria social.[79]
> Como um resultado das conseqüências físicas e mentais da AIDS, das reações dos outros (conhecidos e desco-

> nhecidos) e, em alguns casos, pelos sentimentos de vergonha e culpa, o aidético pode ser isolado pelos outros; ele opta por evitar a rejeição antes que aconteça a ele, ou mais provavelmente, experimenta uma combinação dos dois.[80]

Imaginem se estivéssemos com AIDS sobre um leito, sentindo dores, e nenhum de nossos amigos ou parentes fosse nos visitar devido ao preconceito causado pela nossa enfermidade.[81] E se não pudéssemos sair daquele ambiente de morte e abandono. Seria perfeitamente humano se disséssemos que nossos íntimos amigos são trevas.

No versículo 9, a palavra-chave é ansiedade,[82] que é sinônimo de angústia,[83] desgosto, aflição, inquietude, agitação, sintomas bem semelhantes aos da AIDS. Ela acompanha cada segundo do paciente. Geralmente, ele está ansioso pela proximidade da morte ou pelo desejo de cura. Angustia-se por não ter condições de custear o tratamento. Alguns exames não existem na rede pública e são extremamente caros. Aflige-se por ter perdido o emprego e, por vezes, possuir dívidas. Fica deprimido porque sua família o condena ou o segrega por estar com AIDS: "Pôs longe de mim a meus irmãos, e os que me conhecem deveras me estranharam. Os meus parentes me deixaram, e os meus conhecidos se esqueceram de mim. Os meus domésticos e as minhas servas me reputaram como um estranho, vim a ser um estrangeiro aos seus olhos... Todos os homens do meu secreto conselho me abominam, e até os que eu amava se tornaram contra mim" (Jó 19.13-15,19). Esses sentimentos podem gerar uma tendência à depressão. O fato de a pessoa não se sentir amada, como já disse, causa muita ansiedade. Ela perde a liberdade de se locomover e até mesmo de realizar os menores movimentos, ficando exposta a pessoas desconhecidas — os profissionais de saúde — que desnudam, tocam, manipulam, sondam sem ao menos, na maioria das vezes, prestar satisfações do que estão fazendo (Jó 10.15). Assistir à morte de outras pessoas com os mesmos sintomas também agrava esse estado de ânsia. Além desses problemas, ainda existem os doentes viciados em maconha, cocaína, LSD e outros, que ficam extremamente ansiosos por não estarem fazendo uso da(s) droga(s). Comentemos também Salmos 38.10:

"Bate-me excitado o coração, faltam-me as forças, e a luz dos meus olhos, essa mesma já não está comigo" (ARA).

"Meu coração bate depressa demais, minha força é pequena; além de tudo isso, estou ficando cego" (BV).

Podemos comparar esse versículo à fase terminal dos doentes com AIDS, em que geralmente o paciente está fraco e debilitado: "Bate-me excitado o coração" ("o meu coração dá voltas"). É comum, nos últimos minutos que antecedem à morte, o doente se queixar de palpitações. Ele começa a ficar taquicárdico:[84] "... e a luz dos meus olhos, esta mesma já não está comigo..."; e ainda: "Pelo que já se escurecem de mágoa os meus olhos, e já todos os meus membros são como sombra" (Jó 17.7). Esse detalhe é muito importante para o reconhecimento de pacientes em estado terminal, pois geralmente eles se apresentam em processo de cegueira ou já completamente cegos. Isso acontece, entre outros motivos, devido a um vírus chamado citomegalovírus, que ataca várias áreas do corpo, inclusive os olhos, destruindo completamente a visão do enfermo.

3.3 O isolamento, a solidão e o preconceito

"Os meus amigos e os meus propínquos afastam-se da minha chaga; e os meus parentes se põem em distância" (Sl 38.11).[85]

"Meus amigos, parentes e conhecidos se afastam de mim, com medo da minha doença" (idem, BV).

Estes últimos dias da Igreja de Cristo na terra têm sido de grandes dificuldades. Jesus afirmou que os últimos tempos seriam muito difíceis e que muitos perderiam o amor por seu próximo (Mt 24.12).

Constantemente nos vemos embaraçados com alguns assuntos que acreditamos ser muito importantes para Deus. Eles são tão importantes que esquecemos dos seres humanos sofredores,[86] oprimidos, enfim, daqueles para os quais deveríamos nos voltar em auxílio. Muitos de nós temos sonhos ministeriais. Gostaríamos de ser grandes pastores e evangelistas, missionários, operar maravilhas e prodígios pelo poder de Deus e levar uma vida de oração. São coisas que realmente devemos buscar, mas não podemos abandonar a beneficência.

Quantas vezes nos deparamos com decisões em que tivemos que optar entre uma reunião para assuntos burocráticos ou uma palavra de consolo. Estamos tão preocupados com as bênçãos e vida pessoais, que esquecemos completamente do sofrimento de nossos irmãos e amigos, sem falar, é claro, das vezes em que nos afastamos de algumas pessoas da nossa própria igreja por serem estas pouco interessantes, fracas na fé, ou quem sabe até mesmo estarem enfrentando uma crise: "Compadecei-vos de mim, amigos meus, compadecei-vos de mim, porque a mão de Deus me tocou" (Jó 19.21).

Muitas pessoas têm se desviado da igreja por falta de carinho, de uma mão estendida que ofereça amor e compreensão. Alguém que pare e se comova com a dor alheia, que ao invés de passar ao largo, cuide com óleo e vinho — símbolos do poder e da alegria do Espírito Santo — as feridas do corpo, não esquecendo das feridas da alma. E que levante o ferido, levando-o ao lugar de descanso, permanecendo disposto a se compadecer, cuidar, amar e oferecer misericórdia. É justamente sobre isso que Jesus fala na parábola do Bom Samaritano: "Qual, pois, destes três te parece que foi o próximo daquele que caiu nas mãos dos salteadores? E ele disse: O que usou de misericórdia para com ele. Disse, pois, Jesus: Vai e faze da mesma maneira" (Lc 10.36,37). "Certamente ninguém estende a mão para o homem quebrado, quando clama por ajuda em sua aflição"(Jó 30.24, EC, Edição Contemporânea).

> Ainda não se descobriu uma vacina para se combater o vírus da AIDS. Contudo há um vírus que a igreja, com seu amor, compaixão e sua ação pela solidariedade, pode combater, que é o do preconceito e o da discriminação... A crise da AIDS nos desafia profundamente para sermos a igreja da ação e da verdade; uma comunidade de cura. A AIDS desafia a igreja para que abandone a inatividade e o moralismo rígido. Como a AIDS não escolhe raça, classe, sexo, idade, orientação sexual, ela desafia nossos temores e preconceitos.[87]

Muitos também estão abandonados em leitos de hospitais, esquecidos por suas famílias e amigos, desprezados por todos. Portanto, é de suma importância que tenhamos este sentimento em nossos corações: "Ao que está aflito devia o amigo mostrar compaixão, ainda ao que deixasse o temor do Todo-poderoso" (Jó 6.14, EC).

Em diversas ocasiões, o fato de não conhecermos as doenças e o modo como podemos nos contaminar faz com que tenhamos um certo receio de visitar pessoas com AIDS. Existe em nosso imaginário uma idéia de que o simples fato de estar conversando com aquelas pessoas já nos põe em risco. Isso na verdade não passa de imaginação e preconceito.

Não tenho a intenção de criticar as pessoas que não se sentem à vontade em estar perto de indivíduos com doenças graves como a AIDS, no entanto quero deixar claro a impossibilidade de se adquirir o vírus seguindo as normas de visitação, as quais serão citadas mais adiante. O amor, o carinho e a fraternidade não transmitem AIDS. Não estamos aqui para julgar ou condenar ninguém, mas para promover uma reflexão sobre a doença, buscando melhorar a situação do doente e de sua família.

Certa vez, comecei a visitar dois doentes soropositivos. Por várias ocasiões, fui até eles, mas não conseguia uma brecha para lhes falar mais abertamente sobre o amor de Deus, pois sempre sentia um certo desinteresse pela Palavra. Então, comecei a pensar que talvez estivesse fazendo algo errado. Concluí que estava indo diretamente ao assunto sem antes demonstrar o verdadeiro amor de Deus por aquelas duas almas. Assim, no meu último dia naquele hospital, resolvi que iria até aqueles leitos. Pedi a Deus que me instruísse em tudo o que deveria fazer.

Entrei no quarto, cumprimentei os dois e disse que aquele era o meu último dia de serviço naquele hospital. Disse-lhes que Deus conhecia o sofrimento deles e que muitos amigos e parentes talvez pudessem tê-los abandonado. Naquele momento, senti que o Espírito de Deus estava quebrantando aqueles corações até então por demais endurecidos, talvez vítimas do preconceito. Indaguei-lhes se podia segurar em suas mãos, e disse que não tinha medo deles e que os amava. Mostrei-lhes que Jesus também havia sido desprezado, humilhado e conhecia exatamente suas dores e tristezas, e declarei então que Ele os amava. Por fim, dei-lhes uma porção bíblica — livrete contendo partes da Bíblia — e perguntei se desejavam receber Jesus Cristo como seu único e suficiente Salvador. Eles o aceitaram emocionados, e, após receberem uma oração, fui grandemente surpreendido: um doente do quarto ao lado também ouvira a mensagem e, sentindo-se tocado pelo Espírito de Deus, chamou-me para também receber o Senhor Jesus.

Em alguns casos, os parentes também estão doentes ou já morreram, e por vezes o tipo de vida que o doente levava colaborou para que a família se afastasse, principalmente no caso de homossexuais ou viciados em drogas:

> É bem possível que as relações entre a pessoa afetada e os familiares possam ter sido tensas ou até mesmo hostis por alguns anos antes do diagnóstico. No caso dos pais do usuário de drogas, eles podem ter passado por momentos tumultuosos com a pessoa e até mesmo a colocado para fora de casa. Onde há um filho homossexual... é provável que haja uma tendência velada à hostilidade ou eles simplesmente não reconhecem a pessoa adulta que seu filho se tornou ao crescer.[88]

De volta ao Salmo 38, no versículo 11, observamos que a palavra “chaga” apresenta um sentido especial que está relacionado com algo contagioso e impuro tal como a lepra, considerada até hoje uma doença imunda. Sabemos que não se tratava de hanseníase,[89] mas era um conjunto de doenças diferentes e geralmente contagiosas. Tratava-se de uma doença incurável (2 Rs 5.7), freqüentemente enviada como castigo pelo pecado (Nm 12.9,10). Os suspeitos de serem leprosos eram separados por sete dias (Lv 13.4) e deviam andar com o corpo todo coberto (Lv 13.13).

É basicamente isso que, infelizmente, por desconhecimento, ocorre com os doentes de AIDS. Naquela época, porém, Deus tomou aquelas medidas porque o homem não possuía conhecimento científico hábil para controlar as doenças contagiosas. Ele realizou, portanto, o maior dos tratados de epidemiologia.[90] O livro de Levítico foi usado muitos anos pela ciência para aplicar isolamentos e evitar o consumo de determinados alimentos prejudiciais à saúde. Mas de modo algum Deus desejou semear discriminação, pois Jesus não teve receio de tocar leprosos:

> Jesus, com sua ação curativa, busca a comunhão com os excluídos e rompe as barreiras injustas e discriminatórias. Os despojados e os marginalizados são devolvidos à fraternidade e convivência por Jesus. Esses se tornam sinais vivos da chegada do Reino de Deus, que é fraternidade e comunhão.[91]

Quase sempre a AIDS é conseqüência de uma vida fora da vontade de Deus. Geralmente os suspeitos de estarem doentes são separados por mais de sete dias. Após a manifestação da doença, as pessoas contaminadas geralmente procuram andar com roupas que disfarcem a magreza e as manchas da pele, que são provocadas pelo câncer de Kaposi ou outras doenças dermatológicas. Por se tratar de uma enfermidade grave e contagiosa, algumas pessoas não entram em residências de doentes cujos testes confirmaram a doença. Esses indivíduos desconhecem que Jesus sempre teve muito amor e carinho pelos leprosos e enfermos em geral. A prova disso é que curou inúmeros deles (Mt 8.2-4; Mc 1.40-45; Lc 5.12-16; 17.11-19).

> Um resultado do medo é a teia de mentiras que alienam as pessoas com AIDS das outras pessoas e da verdade. O medo corrói e pode mesmo levar outras pessoas à destruição da identidade do indivíduo, da universalidade da igreja e da inclusividade da comunhão. O medo social resulta em discriminação, o medo pessoal resulta em isolamento. Uma conseqüência última pode ser o suicídio.[92]

Jesus continua tendo grande compaixão dos doentes e igualmente daqueles que se encontram com AIDS. Estamos certos disso devido à sua infinita misericórdia (Sl 103.17). Deus deseja que façamos o mesmo: com alegria (Rm 12.8), com os pobres (Pv 14.31) e com os desviados (Lc 15.18-20), aos nossos irmãos (Zc 7.9) e aos que estão atribulados (Lc 10.37).

No versículo 12 do Salmo 38, lemos: "... dizem coisas que danificam e imaginam astúcias todo o dia". Essa situação pode ser denominada síndrome dos amigos de Jó. Como se vê, culpar, julgar e acusar, quando se poderia ouvir, compreender, orientar e ensinar — ajudar o doente a obter ou voltar a ter plena comunhão com Deus. Sabiamente, a Bíblia previu que muitos usariam suas palavras não para o conforto, mas como verdadeira arma mortal: "Há alguns cujas palavras são como pontas de espada, mas a língua dos sábios é saúde"

(Pv 12.18). Essa passagem nos mostra a existência de pessoas contaminadas com a síndrome dos amigos de Jó. Ao falar, ferem os seus ouvintes como a ponta das espadas fere os inimigos de quem a está empunhando. A Palavra nos exorta a utilizar sabiamente a nossa língua, seja confortando, seja consolando. O objetivo é trazer saúde física e espiritual aos nossos ouvintes:

> Quão grande é a necessidade de cultivar ternura e delicadeza! Ninguém deveria envergonhar-se de manifestar um espírito terno e compassivo aos que erram; pois os que pensam que não cometem erro longe estão de não ter faltas diante de Deus. Ninguém precisa pensar que a manifestação de compaixão é algo de que tenha de envergonhar-se...
> Quando surge uma crise na vida de alguma alma, e outra pessoa procura dar-lhe conselho, este conselho ou admoestação só terá o peso da influência para o bem que o exemplo e o espírito do conselheiro acumulam para ele. É a vida coerente, a revelação de sincero interesse, semelhante ao de Cristo, pela alma em perigo, que tornará o conselho eficaz para persuadir e para conduzir a veredas seguras. Os que se apressam a censurar os outros, que proferem palavras que ferem e magoam a alma que já está ofendida, estão fazendo a obra de Satanás, sendo cooperadores do príncipe das trevas.[93]

Em Jó 31.35a, lemos: "Ah! Quem me dera um que me ouvisse!" Analisemos algumas atitudes dessas pessoas. Antes de ser acometido dessa enfermidade, Jó era um ajudador dos pobres e necessitados, e foi através dessa experiência de vida que pôde testemunhar: "Porventura, não chorei sobre aquele que estava aflito, ou não se angustiou a minha alma pelo necessitado?" (Jó 30.25). Examinando os conselhos insensíveis de seus companheiros, Jó acusa-os de falta de compaixão e de misericórdia: "Tenho ouvido muitas coisas como estas; todos vós sois consoladores molestos. Porventura, não terão fim estas palavras de vento? Ou que te irrita, para assim responderes?" (Jó 16.2,3).

3.3.1 A luz de Cristo

A lição de Jó é grandiosa. Ele nos ensina como devemos tratar alguém desesperado, oprimido ou quebrantado. Diferentemente de seus amigos, Jó nos mostra que o simples fato de nos colocarmos no lugar do visitado faz com que tenhamos o discernimento de como deveremos agir: "Falaria eu também como vós falais, se a vossa alma estivesse em lugar da minha alma? Ou amontoaria palavras contra vós, e menearia contra vós a minha cabeça?" (Jó 16.4). Nosso irmão continua revelando as suas necessidades de consolo e ajuda divina: "Antes, vos fortaleceria com a minha boca, e a consolação dos meus lábios abrandaria a vossa dor" (Jó 16.5). O amado Jó nos mostra que, em seu ministério de acompanhamento aos necessitados, ele era esperado como a chuva de primavera! Suas palavras transmitiam paz, conforto e consolo.

Podemos dizer que o orvalho é o sustentador da natureza — o seu nutridor. Após um dia seco e quente, as plantas aguardam ansiosamente pelo doce e sereno orvalho, que umedece o ar, tornando-o mais agradável. Jó também compara-se à chuva de primavera, que faz brotar as flores, dando vida e transformando tudo em poesia e esperança. Havia luz em seu rosto, um sinal claro de um cristão: "Acabada a minha palavra, não replicavam, e minhas razões destilavam sobre eles porque me esperavam como a chuva; e abriam a boca como a chuva tardia.[94] Se me ria para eles, não o criam e não faziam abater a luz do meu rosto" (Jó 29.22-24).

O mesmo ocorreu quando Pedro e João estavam indo para o templo: "Pedro e João subiam juntos ao templo à hora da oração, a nona. E era trazido um varão que desde o ventre de sua mãe era coxo, o qual todos os dias punham à porta do templo, chamada Formosa, para pedir esmola aos que entravam. Ele, vendo a Pedro e a João, que iam entrando no templo, pediu que lhe dessem uma esmola. E, Pedro, com João, fitando os olhos nele, disse: Olha para nós. E olhou para eles, esperando receber alguma coisa. E disse Pedro: Não tenho prata nem ouro, mas o que tenho, isso te dou. Em nome de Jesus Cristo, o nazareno, levanta-te e anda. E, tomando-o pela mão direita, o levantou, e logo os seus pés e tornozelos se firmaram. E, saltando ele, pôs-se em pé, e andou, e entrou com eles no templo, andando, e saltando, e louvando a Deus" (At 3.1-8). Eles podiam mandar que o coxo olhasse para eles, pois tinham o brilho do Espírito em seus rostos. É essa luz que levanta os caídos. Ela é mais preciosa que o ouro ou a prata que perecem, sendo concedida gratuitamente a todos que entregam suas vidas integralmente a Jesus.

A luz é característica fundamental na vida de um cristão. Se não temos luz, o mundo não nos reconhece como tal. Devemos ser diferentes, assim como a candeia que ilumina o caminho dos perdidos, conduzindo-os a Cristo: "Porque noutro tempo éreis trevas, agora sois luz no Senhor; andai como filhos da luz" (Ef 5.8); "Vós sois a luz do mundo; não se pode esconder uma cidade edificada sobre um monte" (Mt 5.14).

É necessário que o pecador veja em nós atratividade, pureza e mansidão. Algo que o faça desejar estar próximo de nós. Precisamos resplandecer nas trevas, todavia sem sermos confundidos com elas. O mundo não procura igualdade, mas diferença. Como disse C. H. Spurgeon:

> Conheço alguns santos de Deus que vivem bem perto dEle, e evidentemente são árvores da vida, pois sua sombra é consoladora, refrescante e restauradora para muitas almas cansadas. Tenho visto o jovem, o sofrido e o marginalizado ir em busca deles, sentar-se à sua sombra, despejar a história das suas aflições e receber rica bênção ao receber sua compaixão, ao ouvi-los falar da fidelidade do Senhor e serem guiados no caminho da sabedoria.[95]

O doente deve aguardar a nossa visita como um sedento espera pelo orvalho, semelhante à terra seca que espera pela chuva de primavera: "Ele dá a chuva sobre a terra e envia água sobre os campos, para pôr os abatidos num lugar alto; e para que os enlutados se exaltem na salvação" (Jó 5.10,11). Se formos como luz e as últimas chuvas de primavera que renovam as esperanças do lavrador, ou mesmo como o orvalho, certamente poderemos fortalecer os abatidos, alegrar e consolar os enlutados e levar-lhes a maior ventura: Jesus!

Será que somos esperados dessa maneira pelas pessoas que visitamos? Será que contam os dias para nos rever e assim receber o consolo da Palavra trazida por nós e em nós? Caso esse comportamento seja uma realidade em nossas vidas, sentiremos grande satisfação, pois, tal como Jó, até nas dificuldades nos lembraremos desses dias. É sublime quando chegamos até um doente que nos saúda com alegria, ou ao menos demonstra contentamento ao deparar-se conosco. Muitos até se lembram do nosso nome e querem ir até a nossa igreja assim que saem do hospital; mesmo que nos tenham visto apenas uma única vez. Mas, para que isso aconteça, é necessário o exercício da compaixão. Jó, em seu momento de profunda tristeza, clamou aos seus amigos por compaixão e só encontrou a incompreensão deles: "Compadecei-vos de mim, amigos meus, compadecei-vos de mim, porque a mão de Deus me tocou" (Jó 19.21). Portanto, se desejamos falar sobre consolo, devemos nos mirar no Consolador amado: Cristo Jesus.

3.3.2 O consolo divino[96]

Isaías, considerado o maior dos profetas messiânicos, revela, 740 anos antes de Cristo, que um de seus maiores ministérios seria o de Consolador (Is 61.2; 12.1; 51.3; 66.13). Em Isaías 66.13, a Palavra de Deus compara o consolo divino ao consolo de uma mãe: "Como a alguém que sua mãe consola, assim eu vos consolarei; e em Jerusalém vós sereis consolados". Ainda no livro de Isaías, Deus nos manda consolar o seu povo: "Consolai, consolai o meu povo, diz o vosso Deus" (Is 40.1; 1 Co 14.3).

Jesus preocupou-se tanto em consolar, que, antes mesmo de ir para a glória junto de Deus, prometeu que nos deixaria outro Consolador: "Eu rogarei ao Pai, e ele vos dará outro consolador, para que fique convosco para sempre" (Jo 14.16).

Em 2 Coríntios 1.3,4, Paulo, inspirado pelo Espírito Santo, nos ensina alguns mistérios do ato de consolar: "Bendito seja o Deus e Pai de nosso Senhor Jesus Cristo, o Pai das misericórdias e o Deus de toda consolação,[97] que nos consola em toda a nossa tribulação, para que também possamos consolar[98] os que estiverem em alguma tribulação,[99] com a consolação com que nós mesmos somos consolados de Deus".

Em primeiro lugar, Deus é "o Pai das misericórdias" (v. 3). Isso significa que Deus perdoa aquele que se arrepende de forma sincera, seja qual for o pecado que houver cometido: "Vinde, então, e argüi-me, diz o SENHOR; ainda que os vossos pecados sejam como a escarlata, eles se tornarão brancos como a neve; ainda que sejam vermelhos como o carmesim, se tornarão como a branca lã" (Is 1.18); e ainda no Salmo 51.7 lê-se: "Purifica-me com hissopo,[100] e ficarei limpo; lava-me, e ficarei mais alvo do que a neve". Davi pede perdão a Deus pelo seu pecado de adultério com Bate-Seba (2 Sm 11 e 12, especialmente 12.13). Vale lembrar que o único pecado que não pode ser jamais perdoado é aquele contra o Espírito Santo de Deus (Mc 3.29).

Apesar de, por vezes, manifestar sua ira santa por causa dos nossos pecados, a natureza de amor e misericórdia de Deus impede que sejamos destruídos: "Não repreenderá perpetuamente, nem para sempre conservará a sua ira. Não nos tratou segundo os nossos pecados, nem nos retribui segundo as nossas iniqüidades" (Sl 103.9,10). "As misericórdias do SENHOR são a causa de não sermos consumidos, porque as suas misericórdias não têm fim; novas são cada manhã; grande é a tua fidelidade" (Lm 3.22,23).

Em segundo lugar, Ele é "o Deus de toda a consolação" (v. 3). Todas as vezes que exercemos o consolo real a alguma pessoa, podemos ter a plena convicção de que esse consolo provém de Deus. Certamente que só aqueles "nascidos de novo" podem oferecer esse tipo de consolo. Trata-se de uma das mais grandiosas obras que o Senhor pode realizar em nossas vidas. Pode-se dizer que consolar é um verdadeiro dom.

Por vezes, até mesmo nós que visitamos outras pessoas, chegamos a imaginar, em momentos de crise espiritual, lutas ou tribulações, que Deus nos tenha abandonado, embora Ele mesmo tenha nos prometido estar conosco para sempre: "E eis que eu estou convosco todos os dias, até à consumação dos séculos. Amém!" (Mt 28.20). Contudo, é justamente nesses momentos de crise que recebemos o consolo diretamente de Deus. São essas situações que nos possibilitam adquirir experiências com Ele e nos preparam para obras ainda maiores.

Em terceiro lugar, "para que também possamos consolar os que estiverem em alguma tribulação, com a consolação com que nós mesmos somos consolados de Deus" (v. 4). É justamente nos momentos de maior tribulação que Deus, por sua infinita bondade, nos usa como vasos de barro[101] para consolarmos também aos outros, pois o poder de Deus se aperfeiçoa em nossas fraquezas: "Temos, porém, este tesouro em vasos de barro, para que a excelência do poder seja de Deus e não de nós" (2 Co 4.7); "E disse-me: A minha graça te basta, porque o meu poder se aperfeiçoa na fraqueza. De boa vontade, pois, me gloriarei nas minhas fraquezas, para que em mim habite o poder de Cristo" (2 Co 12.9). Assim como Deus nos consola, quando passamos por momentos difíceis, também devemos consolar outras pessoas através das promessas de nosso Senhor e Salvador Jesus Cristo.

Por muitas vezes, somos provados ou passamos tribulações para que, firmes em Cristo, glorifiquemos o nome de Jesus em nossas vidas. Paulo é um grande exemplo disso, pois, mesmo estando preso em Trôade, tendo sido levado a Roma (2 Tm 4.13), sofrido com a solidão e o frio em sua prisão (2 Tm 4.10-13), e ainda sabendo que sua morte estava próxima (2 Tm 1.8,16; 4.6-8), escreveu a Segunda Carta a Timóteo. Nessa ocasião, segundo a tradição da Igreja, foi morto e degolado.[102]

Outro exemplo, é o caso de Jó que, apesar de estar passando por terríveis provações, ainda assim orou por seus amigos despreparados (Jó 42.8). José do Egito passou também por inúmeras provas e tribulações, mas no tempo certo pôde ajudar sua família a não morrer vitimada pela fome, e não somente sua família, mas também todo o Israel.

Voltando ao Salmo 38 (v. 17), observamos que "coxear" tem o sentido de perder as esperanças, o que é muito freqüente em casos de pacientes com AIDS. Existem pesquisas que afirmam: "Quanto mais cedo o doente perder a esperança, mais rapidamente morrerá". O pior é que, perdendo a esperança, sua vida torna-se uma verdadeira condenação. Ele se transforma em um prisioneiro condenado irremediavelmente à morte. Esse desânimo em um doente com AIDS pode ser o presságio de uma piora em seu estado clínico.

As dores físicas e psicológicas também geram grande angústia e, em casos especiais, os doentes só conseguem suportá-las sob o efeito de drogas como a morfina, cetamina etc., e medicamentos contra a depressão, tais como:

amitriptilina, imipramina, nitrazepam. Esses medicamentos têm efeitos colaterais terríveis quando administrados em grande quantidade, podendo causar dependência.

O versículo 18 refere-se ao reconhecimento do pecado pelo próprio paciente e sua confissão a Deus. Muitas vezes, apesar de o doente confessar, ele não acredita que o Senhor o tenha perdoado. Devemos ajudá-lo a crer no real perdão de Deus para a sua vida, esclarecendo-lhe que o Justo pagou pelos injustos: "Porque também Cristo padeceu uma vez pelos pecados, o justo pelos injustos, para levar-nos a Deus..." (1 Pe 3.18a), e que o sangue de Jesus Cristo nos purifica completamente de todos os pecados: "Mas, se andarmos na luz, como ele na luz está, temos comunhão uns com os outros, e o sangue de Jesus Cristo, seu Filho, nos purifica de todo pecado" (1 Jo 1.7).

Para tratar melhor sobre a questão da culpa, transcrevo a passagem da mulher pega em adultério: "Porém Jesus foi para o monte das Oliveiras. E, pela manhã cedo, voltou para o templo, e todo o povo vinha ter com ele, e, assentando-se, os ensinava. E os escribas e fariseus trouxeram-lhe uma mulher apanhada em adultério. E, pondo-a no meio, disseram-lhe: Mestre, essa mulher foi apanhada, no próprio ato, adulterando, e, na lei, nos mandou Moisés que as tais sejam apedrejadas. Tu, pois, que dizes? Isso diziam eles, tentando-o, para que tivessem de que o acusar. Mas Jesus, inclinando-se, escrevia com o dedo na terra. E, como insistissem, perguntando-lhe, endireitou-se e disse-lhes: Aquele que dentre vós está sem pecado seja o primeiro que atire pedra contra ela. E, tornando a inclinar-se, escrevia na terra. Quando ouviram isso, saíram um a um, a começar pelos mais velhos até aos últimos; ficaram só

Jesus e a mulher, que estava no meio. E, endireitando-se Jesus e não vendo ninguém mais do que a mulher, disse-lhe: Mulher, onde estão aqueles teus acusadores? Ninguém te condenou? E ela disse: Ninguém, Senhor. E disse-lhe Jesus: Nem eu também te condeno; vai-te e não peques mais".

Note que Jesus havia ido ao templo, a fim de trazer uma lição ao povo. Creio que o tema da lição era: o perdão e a misericórdia divinos. Jesus ilustrou o tema de maneira prática, com a ajuda involuntária de um grupo de fariseus,[103] os quais nunca haviam conhecido a Deus, ou sequer haviam experimentado a sua misericórdia e perdão. A vítima era uma pecadora pega em adultério — o homem adúltero não foi trazido — prestes a ser apedrejada e morta em nome de Deus. O primeiro ato foi, sem dúvida, de grande vulnerabilidade e vergonha, pois a mulher foi exposta como uma criminosa diante de todos. Creio que, mesmo por motivos diferentes, todos estavam reunidos, esperando para apedrejá-la, como na morte de Estêvão.

Os fariseus fingiram desejar o conselho de Jesus para comprometê-lo naquilo que eles mesmos sabiam ser insensatos e cruéis. Mas nenhum deles esperava a sábia resposta de Jesus, que agachado, escrevia algo enquanto ouvia as acusações, as quais um dia ouviria novamente em seu julgamento por outros fariseus tão hipócritas quanto aqueles. Suponho que Jesus possa ter escrito na areia uma palavra do tipo: "perdão", "amor" ou quem sabe "compaixão" e até "misericórdia quero e não sacrifícios" (Mt 9.13). Porém, não é possível afirmar.

Jesus se ajeita e responde através de um desafio de consciência: "Aquele que dentre vós está sem pecado seja o primeiro que atire pedra contra ela" (Jo 8.7). Paulatinamente, enquanto Jesus escrevia outra(s) palavra(s), talvez "remorso" ou "hipocrisia", um a um se retirava sem que nada de mal fosse feito à mulher.

Condenação não é uma resposta cristã à crise da AIDS. A tarefa da igreja como comunidade curadora também implica informar-se para atuar de forma preventiva, eliminando o medo infundado através da educação e informação, acolhendo o doente no seio da comunidade.[104]

Jesus, endireitando-se novamente, indagou: "Onde estão os fariseus, os jovens e velhos que te condenaram? Não estão mais aqui? Para onde será que eles foram? Será que foram pedir perdão a Deus ou voltaram para suas vidas de pecados?" Em seguida, demonstrando grande compaixão, disse-lhe também que não a condenava (embora tivesse todo o direito de fazê-lo por ser Deus, perfeito e irrepreensível).

"Vai-te e não peques mais" – palavras de Jesus Cristo, o único Justo e Justificador de todos os que, embora pecadores, estão arrependidos e desejam sinceramente o perdão de Deus.

Capítulo 4

MANASSÉS, A BÊNÇÃO DA AFLIÇÃO

Eis que, para minha paz, eu estive em grande amargura; tu, porém, tão amorosamente abraçaste a minha alma, que não caiu na cova da corrupção, porque lançaste para trás das tuas costas todos os meus pecados.

Isaías 38.17

No primeiro capítulo, vimos a triste história de Ezequias, pai de Manassés, o vilão. Sabemos que Ezequias estava muito doente e que essa doença o levaria à morte. Porém, após ter recebido a notícia de que iria morrer, orou amargamente ao Senhor, que pela sua vontade permissiva, concedeu-lhe mais 15 anos de vida. Durante esse tempo, nasceu Manassés, o pior e mais perverso homem do antigo concerto. Flávio Josefo, em seu livro *História dos hebreus,* nos detalha algumas atitudes de Manassés:

> Ele ousou mesmo profanar o templo, toda a cidade de Jerusalém, e todo o resto de seu país; não sendo mais contido pelo temor da justiça de Deus e desprezando seus mandamentos, mandou matar muitos homens de bem, não poupando nem mesmo os profetas. Não se passava um dia sem que um deles não pagasse com a vida os caprichos do rei e a cidade não se manchasse com seu sangue.[105]

Segundo historiadores hebreus, Manassés mandou serrar ao meio o profeta Isaías, um dos profetas mais usados e cheios do Espírito Santo. Qual seria o destino de tal homem homicida, idólatra e sanguinário? Com toda a certeza esse homem pagaria por tais crimes, certo? Vejamos: "Bem-aventurado aquele cuja transgressão é perdoada, e cujo pecado é coberto. Bem-aventurado o homem a quem o SENHOR não imputa a maldade, e em cujo espírito não há engano" (Sl 32.1,2). "O que encobre as suas transgressões nunca prosperará; mas o que as confessa e deixa alcançará misericórdia" (Pv 28.13).

O nosso grande Deus de misericórdias tinha planos maiores para aquele homem (Is 1.18). Creio que talvez poucos ou nenhum de nós lhe perdoaria, contudo o nosso Deus perdoou: "Pelo que o SENHOR trouxe sobre eles os príncipes do exército do rei da Assíria, os quais prenderam Manassés entre os espinhais, e o amarraram com cadeias, e o levaram à Babilônia. E ele, angustiado, orou deveras ao SENHOR, seu Deus, e humilhou-se muito perante o Deus de seus pais, e lhe fez oração, e Deus se aplacou para com ele, e ouviu a sua súplica, e o tornou a trazer a Jerusalém, ao seu reino; então, reconheceu Manassés que o SENHOR é Deus. E, depois disso edificou o muro de fora da Cidade de Davi, ao ocidente de Giom, no vale, e à entrada da Porta do Peixe, e à roda, até Ofel, e o levantou mui alto; também pôs oficiais valentes em todas as cidades fortes de Judá. E tirou da Casa do SENHOR os deuses estranhos e o ídolo, como também todos os altares que tinha edificado no monte da Casa do SENHOR e em Jerusalém e os lançou fora da cidade. E reparou o altar do SENHOR, e ofereceu sobre ele ofertas pacíficas e de louvor, e mandou a Judá que servisse ao SENHOR, Deus de Israel. Mas ainda o povo sacrificava nos altos, mas somente ao SENHOR, seu Deus. O resto, pois, dos atos de Manassés, e a sua oração ao seu Deus, e as palavras dos videntes que lhe falaram em nome do SENHOR, Deus de Israel, eis que *estão* no livro da história dos reis de Israel. E a sua oração, como *Deus* se aplacou para com ele, e todo o seu pecado, e a sua transgressão, e os lugares onde edificou altos e pôs bosques e imagens de escultura, antes que se humilhasse, eis que *está tudo* escrito nos livros dos videntes. E dormiu Manassés com seus pais, e o sepultaram em sua casa; Amom, seu filho, reinou em seu lugar" (2 Cr 33.11-20). Flávio Josefo confirma as Escrituras:

> Então, o miserável príncipe percebeu que o excesso de seus pecados o tinha reduzido àquele estado. Recorreu a Deus, rogando-lhe que tivesse compaixão dele. Sua oração foi ouvida; o rei, vitorioso, mandou-o livre, para Jerusalém. Esta mudança em sua vida mostrou que sua conversão fora sincera e verdadeira. Ele só pensou em destruir a memória de suas ações passadas; empregou todos os seus esforços em restaurar o culto a Deus. Consagrou novamente o templo, mandou reconstruir o altar para os sacrifícios, segundo a lei de Moisés, purificou toda a cidade e para mostrar sua gratidão para

> com Deus por tê-lo livrado da escravidão, empregou o resto de sua vida para tornar-se agradável aos seus olhos, por sua virtude e por contínuas ações de graças. Assim, por um proceder contrário, ao que antes havia tido, ele levou seus súditos a imitá-lo no seu arrependimento, como o haviam imitado nos seus pecados, que tantos males haviam atraído sobre eles e depois de ter assim restaurado as cerimônias da antiga religião, pensou em fortificar Jerusalém... Enfim, a mudança foi tão grande, que desde aquele dia, quando ele começou a servir a Deus, até o fim da vida não mais se lhe amorteceu o zelo pela piedade.[106]

Podemos observar que Manassés precisou sofrer uma terrível tragédia, para que se arrependesse de seus pecados e passasse a buscar o Senhor: "Filho meu, não rejeites a disciplina do SENHOR, nem te enojes da sua repreensão. Porque o SENHOR repreende aquele a quem ama, assim como o pai, ao filho a quem quer bem" (Pv 3.11,12); "Confessei-te o meu pecado, e a minha maldade não encobri. Dizia eu: Confessarei ao SENHOR as minhas transgressões; e tu perdoaste a maldade do meu pecado (Sl 32.5).

Deus é quem, por vezes, permite que as ventanias nos atinjam para que nos aproximemos dEle: "Pois, ainda que entristeça a alguém, usará de compaixão segundo a grandeza das suas misericórdias. Porque não aflige nem entristece de bom grado os filhos dos homens" (Lm 3.32,33). Temos certeza de que Deus permite tais coisas para o nosso bem, mesmo aos ímpios. Vou dar um exemplo pessoal. Há algum tempo, conheci uma mulher de nome Luíza em um hospital para pessoas com câncer. Ela sofria desse mal em um dos pulmões e estava bastante debilitada, pesando apenas 29 quilos. Apesar de estar desenganada pelos médicos, apresentava-se bem disposta e cheia de contentamento. Disse-me que estava muito grata a Deus por lhe permitir mais uma chance de se reconciliar com Ele. Era de uma família evangélica e freqüentou a igreja por algum tempo até que se desviou e passou a viver de modo desregrado e com hábitos prejudiciais à sua saúde. Fumava muito e, além disso, freqüentava ambientes de festejos carnais. Vivia, portanto, de maneira despreocupada com o Senhor.

Contou-me que Deus lhe dera uma oportunidade de voltar à comunhão, numa época em que sua casa pegou fogo. Porém, ainda que passando por grandes aflições, ela não se voltou para Deus. Naquele momento, disse-me: "O Senhor permitiu-me o câncer". Aquela mulher ainda tinha esperanças de ser curada.

Podemos concluir que Deus consente as ventanias em nossas vidas, para que nos aproximemos dEle: "Porque Cristo, estando nós ainda fracos, morreu a seu tempo pelos ímpios" (Rm 5.6). E ainda, Deus não sente prazer na morte do ímpio: "Porque não tomo prazer na morte do que morre, diz o SENHOR Jeová. Convertei-vos, pois, e vivei" (Ez 18.32).

Essa passagem joga por terra as idéias distorcidas sobre a predestinação,[107] que na verdade, para alguns, é puro fatalismo.[108] Também mostra-nos que muitos dos doentes estão tendo a oportunidade de se arrepender dos seus pecados naquele momento de angústia: "... o que tal ato praticou [imoralidade], em nome de nosso Senhor Jesus Cristo... seja entregue a Satanás para destruição da carne, para que o espírito seja salvo no Dia do Senhor Jesus" (1 Co 5.3b,4a,5). Esses versículos referem-se à disciplina na igreja, nesse caso, especificamente contra pecados de prostituição, podendo ilustrar também situações vividas por algumas pessoas que, devido a uma vida longe da vontade de Deus, têm os seus corpos entregues a Satanás para a destruição, por exemplo, através de doenças ou qualquer outro problema. Essas experiências irão levá-los a buscar o Senhor e receber o perdão dos seus pecados e a vida eterna.

Deus, pela sua presciência, conhece profundamente o coração de cada pessoa e pode discernir se no futuro irá ou não se afastar de seus caminhos (1 Pe 1.2). Portanto, o Senhor cura ou então leva para si: "Eis que bem-aventurado é o homem a quem Deus castiga; não desprezes, pois, o castigo do Todo-poderoso. Porque ele faz a chaga, e ele mesmo a liga; ele fere, e as suas mãos curam" (Jó 5.17,18).

Meu irmão em Cristo, discipulador e amigo João Carlos Xavier, autor do maravilhoso livro *O dia em que nasci de novo* (CPAD), eleito pela ABEC – Associação Brasileira de Editores Cristãos – o melhor livro de testemunho de 1994, constitui-se um outro exemplo do que Deus pode fazer na vida de um homem. Em linhas gerais, pode-se dizer que esse homem era um homossexual que se prostituía, macumbeiro e viciado em drogas. Mas, certo dia, sofreu um grave acidente com sua motocicleta, ficando entre a vida e a morte. Resultado: Jesus o curou, salvou, regenerou e batizou com o Espírito Santo, e, hoje, para a glória de Deus, ele é um presbítero na casa do Senhor, casado com a irmã Rosa, e tem um filho, o Joãozinho. Glórias a Deus! O Senhor pode transformar um Manassés velho em um Manassés novo.

Quantos Manassés conhecemos por aí? Eles pregam a Palavra de Deus, e ninguém jamais diria que um dia Deus pudesse regenerá-los, transformando suas vidas, tamanho era o pecado em que estavam envolvidos no passado.

Saulo foi outro exemplo bíblico de um perseguidor ferrenho de Jesus: "Porque eu sou o menor dos apóstolos, que não sou digno de ser chamado apóstolo, pois que persegui a Igreja de Deus" (1 Co 15.9). Entretanto, em nada foi inferior aos outros apóstolos: "Porque penso que em nada fui inferior aos mais excelentes apóstolos" (2 Co 11.5). Antes, foi o mais castigado e o mais perseguido: "São ministros de Cristo? (Falo como fora de mim.) Eu ainda mais: em trabalhos, muito mais; em açoites, mais do que eles; em prisões, muito mais; em perigos de morte, muitas vezes. Recebi dos judeus cinco quarentenas de açoites menos um; três vezes fui açoitado com varas, uma vez fui apedrejado, três vezes sofri naufrágio, uma noite e um dia passei no abismo; em viagens, muitas vezes; em perigos de rios, em perigos de salteadores, em perigos dos da minha nação, em perigos dos gentios, em perigos na cidade, em perigos no deserto, em perigos no mar, em perigos entre os falsos irmãos; em trabalhos e fadiga, em vigílias, muitas vezes; em fome e sede, em jejum, muitas vezes; em frio e nudez. Além das coisas exteriores, me oprime cada dia o cuidado de todas as igrejas" (2 Co 11.23-28). Ele pregou o Evangelho mesmo com um espinho na carne: "E vós sabeis que primeiro vos anunciei o evangelho estando em fraqueza da carne" (Gl 4.13). Sem dúvida, foi o apóstolo que mais escreveu sobre Jesus no Novo Testamento e o único dos escritores da Bíblia que ousou dizer: "Desde agora, ninguém me inquiete; porque trago no meu corpo as marcas[109] do Senhor Jesus" (Gl 6.17). Segundo Raimundo F. de Oliveira:

> Depois de Jesus, Paulo foi o maior homem de Deus de todos os tempos.[110]

Apesar disso, foi necessário que Deus o cegasse na estrada de Damasco, a fim de que contemplasse o seu mal: "E, indo no caminho, aconteceu que, chegando perto de Damasco, subitamente o cercou um resplendor de luz do céu. E, caindo em terra, ouviu uma voz que lhe dizia: Saulo, Saulo, por que me persegues? E ele disse: Quem és, Senhor? E disse o Senhor: Eu sou Jesus, a quem tu persegues. Duro é para ti recalcitrar contra os aguilhões... E Saulo levantou-se da terra e, abrindo os olhos não via a ninguém. E, guiando-o pela mão, o conduziram a Damasco... E Ananias foi, e entrou na casa, e, impondo-lhe as mãos, disse: Irmão Saulo, o Senhor Jesus, que te apareceu no caminho por onde vinhas, me enviou, para que tornes a ver e sejas cheio do Espírito Santo. E logo lhe caíram dos olhos como que umas escamas[111] e recuperou a vista; e, levantando-se, foi batizado" (At 9.3-5,8,17,18).

Que maravilha! Até Paulo teve uma experiência de cura divina em sua salvação! Creio realmente que se trata de um grande privilégio! O que mais me impressiona foi o modo pelo qual Jesus se apresentou a ele: "... subitamente o cercou um resplendor de luz no céu" (At 9.3).

Imaginemos como foi aquele encontro histórico. Saulo, o fariseu, só conhecia a Deus por ouvir falar e pela leitura do livro da Lei. Contudo, nunca havia tido uma real experiência com Ele. Então, no meio do caminho, Jesus a quem Saulo diretamente perseguia, apareceu pessoalmente diante dele.

Como é bom visitar doentes do "tipo Paulo"! Crentes piedosos, que não nos oferecem nenhum risco e são cheios do Espírito Santo. Porém, de doentes do "tipo Saulo" poucos querem saber.

Muitos cristãos apresentam comportamentos semelhantes ao do crente Ananias. São cristãos fiéis que desejam agradar a Deus: "E havia em Damasco um certo discípulo chamado Ananias. E disse-lhe o Senhor em visão: Ananias! E ele respondeu: Eis-me aqui, Senhor" (At 9.10). Porém, esses mesmos cristãos têm profundo medo de visitar outras pessoas, principalmente com AIDS, a ponto de questionar a Deus se realmente é de sua vontade que eles se dirijam a tal lugar (como julgamos pela aparência, não é mesmo?): "Mas Senhor, este homem é homossexual e está travestido..."; "Oh! Não! Não o visitarei, pois era traficante de drogas!"; "Tá vendo, foi adulterar, e agora está com AIDS"; "eu não vou lá, pois deve ser castigo de Deus..." Mas a Bíblia ensina diferente. Jó, estando em situação semelhante, afirmou: "Ao que está aflito devia o amigo mostrar compaixão, ainda ao que deixasse o temor do Todo-poderoso" (Jó 6.14). Isto é, mesmo que o aflito seja um pecador terrível e sem nenhum temor a Deus, ou já lhe tenha sido temente e agora não seja mais, é nosso dever, como servos e filhos do Deus Altíssimo, oferecer a nossa compaixão, o nosso consolo e amor, sem julgamentos morais, evasivas ou medo. Ananias também se desculpou: "Senhor, de muitos ouvi acerca deste homem,[112] quantos males tem feito aos teus santos em Jerusalém; e aqui tem poder dos principais dos sacerdotes para prender a todos os que invocam o teu nome" (At 9.13,14). Nesse momento, creio que havia no coração de Ananias uma mistura de medo e preconceito. Ainda hoje, nos vemos embaraçados com esses pensamentos. Quando estava doente, Jó exortou os seus visitantes: "Certamente, vos repreenderá [Deus], se em oculto fizerdes distinção de pessoas" (Jó 13.10).

O Deus que sonda os pensamentos e as intenções do coração humano não aceita que façamos nenhum tipo de acepção de pessoas, seja pela cor, nacionalidade, religião ou crença, estado de saúde, tipo de doença, comportamento sexual, dependência ou não de drogas ou condição financeira. Ele espera que, como Ananias, vençamos todos os preconceitos e anunciemos o Evangelho de Cristo, seja a Paulos ou a Saulos doentes, procedendo como disse o discípulo de Damasco: "Irmão Saulo, o Senhor Jesus, que te apareceu no caminho por onde vinhas, me enviou, para que tornes a ver e sejas cheio do Espírito Santo" (At 9.17b).

Capítulo 5

CONHECENDO A DOENÇA

O Senhor o sustentará no leito da enfermidade;
tu renovas a sua cama na doença.
Salmos 41.3

Ao leitor, este capítulo pode assumir, aparentemente, a idéia de que iremos citar as precauções que devem ser tomadas ao entrarmos em contato com um doente de AIDS, a fim de não nos contaminarmos. No entanto, a nossa maior preocupação *é justamente o contrário*. Desejamos deixar claro que o maior risco de prejuízos não se aplica, de maneira nenhuma, aos visitantes. Muito pelo contrário, os doentes são os mais prejudicados do ponto de vista de uma possível contaminação, pois, na maioria das vezes, os visitadores não possuem a mínima noção dos cuidados básicos que se devem manter com pessoas hospitalizadas.

Visitar doentes de AIDS estando resfriado ou mesmo sentar-se na cama do doente durante a visita são atitudes muito comuns em nosso dia-a-dia. Contudo, veremos que pessoas com AIDS estão grandemente enfraquecidas e não podem ser expostas.

5.1 O HISTÓRICO

O histórico do vírus da AIDS começa em Los Angeles (Califórnia), Nova Iorque e São Francisco, cidades litorâneas americanas, onde sexo livre, orgias e drogas estão dentro dos padrões de normalidade. Em meados de 1981, foram detectados pelo CDC (Center Disease Control, "Centro de Controle de Doenças") em Atlanta, Geórgia, cinco casos de homossexuais ativos com doenças raras: pneumocistose e angiossarcoma de Kaposi. Dois dos pacientes morreram. Todos eles abusavam de drogas inalantes. Esses foram os primeiros casos registrados.

Tratava-se, portanto, de uma nova doença que afetava seres humanos, os quais morriam por infecções oportunísticas.[113] Manifestava-se em guetos de homossexuais em São Francisco e, posteriormente, em Nova Iorque. Apresentava-se também em usuários de drogas que freqüentavam saunas, os chamados *poppers* ("dormideiras"), que viviam em promiscuidade. Inicialmente, não se deu muita atenção a esses fatos, até que o número de pessoas que estavam morrendo com os mesmos sintomas aumentou, tornando-se bastante considerável. Por pouco tempo, a AIDS foi denominada de *Grid* (*Gay-related immune deficiency*), ou seja, a imunodeficiência relacionada a homossexuais. Mas, em 1982, dá-se o nome de *Acquired Immunity Deficiency Syndrome* ("Síndrome da Imunodeficiência Adquirida"). Nessa época, descobre-se também que a AIDS poderia ser adquirida através de relações sexuais e por via sangüínea. Em 1983, no Instituto Pasteur, o virologista Luc Montagnier, que liderava a equipe de pesquisadores, e Barré-Sinoussi, descobrem um vírus totalmente novo durante a biópsia de um gânglio linfático de um homossexual, dando-lhe o nome de LAV (*Lymphadenopathy Associated Virus*). Ainda em 1983, morre o costureiro brasileiro Markito, vítima da AIDS, chamando assim a atenção dos brasileiros para o problema. Em 1984, a equipe do professor americano Robert Galo do NIH (Bethesda, Estados Unidos), conseguiu isolar o vírus da AIDS, denominando-o de HTLV-3 (*Human T Lymphotropic Virus-3*). Foi também em 1984 que se notificou o primeiro caso de AIDS pediátrica no Brasil, tendo afetado um paciente hemofílico, contaminado por transfusão de hemoderivados.[114]

Em 1985, o ELISA é inventado como o primeiro teste eficaz, diminuindo o problema nos bancos de sangue. Em 1986, descobre-se o AZT, medicamento que atua na transcriptase reversa, aumentando a sobrevida do doente. Em 1995, entram em cena os inibidores da protease que reduzem a viremia,[115] trazendo esperanças de cura para a AIDS.

Calcula-se que até o ano 2000, em países como Uganda, a proporção de contaminados será de 50% da população, isto é, de cada duas pessoas, uma terá o vírus.[116]

Segundo o Boletim DST/AIDS de dezembro de 1996, a estimativa dos custos da AIDS no Brasil, levando-se em conta somente dois fatores – déficit da mão-de-obra e força de trabalho –, demonstra perdas médias de 72 bilhões de dólares, num período acumulado de dez anos.

5.2 O VÍRUS

Vírus é uma minúscula partícula de matéria viva formada basicamente por substâncias chamadas proteínas que, por sua vez, são formadas por estruturas muito complexas. No interior de um vírus, existe uma espécie de cérebro que ordena as funções, comanda a sua reprodução (aumento do número de vírus) etc. Esse cérebro ou núcleo contém uma estrutura que pode ser formada por grandes quebra-cabeças estruturais conhecidos como DNA (ácido desoxirribonucléico) ou RNA (ácido ribonucléico).[117] No caso do vírus da AIDS, seu núcleo é formado por uma estrutura de RNA (por esse motivo, o vírus da AIDS denomina-se retrovírus, isto é, um vírus formado somente por RNA). O DNA e o RNA são os responsáveis pelo processamento e armazenamento das informações genéticas, sendo que cada ser possui uma arrumação diferente em suas moléculas de DNA e/ou RNA.

As células humanas, ao contrário do vírus da AIDS, possuem tanto DNA como RNA. Acontece que para uma célula ou um vírus (inclusive o da AIDS) se dividir e dar origem a outras células ou outros vírus, ela necessita de ambas as moléculas (DNA e RNA). No entanto, o vírus só possui uma dessas moléculas (o RNA) e necessita de células alheias (as quais ele infecta) para se multiplicar, dando origem a outros vírus. Assim sendo, o vírus entra no organismo humano por via sangüínea ou durante relações sexuais com pessoas contaminadas. Para fugir das defesas do organismo, o vírus da AIDS engana as células de defesa e consegue invadi-las, escondendo-se em seu interior.

O vírus da AIDS possui afinidade com determinadas células de nosso corpo, como por exemplo, os linfócitos T Helper, ou linfócitos T de Socorro, e também os monócitos, que são transformados em macrófagos quando penetram em alguns órgãos.

Num sistema imunológico normal, os monócitos e os macrófagos defendem o organismo, procurando e destruindo substâncias estranhas e células mortas infectadas. O organismo se protege também por meio da produção de substâncias (os anticorpos), para combater os invasores (antígenos). O HIV interfere em ambos os processos, promovendo um gradual enfraquecimento no sistema imune.

Os linfócitos T são verdadeiros soldados do nosso organismo. Eles são responsáveis por uma defesa específica, aquela na qual o organismo guarda a memória dos inimigos que o estão invadindo, para que, caso haja uma próxima invasão, o combate ao agressor seja mais fácil. Após entrar na circulação sangüínea, o vírus invade o linfócito, escondendo-se dentro dele, podendo ficar estável como se estivesse hibernando[118] e prolongando-se por um período de até dez anos, razão pela qual algumas pessoas permanecem muitos anos sem manifestar a doença. Por um motivo desconhecido, o vírus também pode começar sua multiplicação dando origem a outros vírus e novamente destruindo a função de outros soldados linfócitos.

Assim sendo, o organismo vai perdendo suas defesas contra todos os tipos de invasores patogênicos,[119] pois os "soldados" estão morrendo e os que estão vivos já não dão conta da defesa ou já estão infectados.

A Síndrome de Imunodeficiência Adquirida (SIDA) é o estágio final da infecção pelo vírus HIV (*Human Immunodeficency Virus* ou Vírus da Imunodeficiência Humana) e apresenta-se caracterizado por infecções oportunísticas e neoplasias. Isso significa que a AIDS, ou SIDA, só ocorre quando algumas doenças oportunísticas afloram no organismo. Veremos adiante algumas evidências que identificarão o indivíduo portador do vírus da AIDS.

5.3 Sinais clínicos iniciais da AIDS

- Adenopatias (devem ser mais de duas; não são considerados os linfonodos inguinais);[120]
- emagrecimento superior a 10% do peso corporal;[121]
- febre acima de 38º C (contínua ou intermitente);
- diarréia persistente;
- fadiga ou indisposição;[122]
- suores noturnos (devido à febre).

5.4 O teste

Uma pessoa infectada pelo vírus HIV possui em seu organismo anticorpos específicos circulando no sangue e nos vasos linfáticos. Esses anticorpos são substâncias produzidas pelo organismo para nos defender dos invasores.

Quando os anticorpos que combatem o vírus da AIDS são encontrados em uma pessoa, pode-se afirmar que ela possui uma grande probabilidade de estar infectada pelo vírus HIV, o que não significa que esteja contaminada. O exemplo disso é que alguns recém-nascidos, filhos de pessoas infectadas, apesar de apresentarem anticorpos contra o vírus da AIDS, não estão com a doença.[123] É importante dizer que alguns testes como o ELISA são muito sensíveis e, por isso, têm grande facilidade de fornecer resultados "falso-positivo", isto é, apesar de a pessoa não estar contaminada, o teste acusa um resultado positivo. Por esse motivo, a maioria dos centros de testagem não entregam o primeiro resultado quando este é positivo. Geralmente confronta-se o resultado do teste com a ficha de histórico preenchida na entrevista antes do exame. Se a pessoa estiver no comportamento de risco ou não fizer um segundo teste, habitualmente realiza-se o Western Blot para a confirmação.

Existem também casos de pessoas que estão contaminadas, mas seus testes estão negativados! Esse fenômeno denomina-se "efeito janela imunológica" e ocorre quando uma pessoa é contaminada pelo HIV, mas o seu organismo ainda não teve tempo de produzir anticorpos. Desse modo, mesmo feito o teste, o resultado é falso. Por exemplo, podemos imaginar que um jovem usuário de drogas tenha se contaminado há uma semana, e hoje fez o teste. Provavelmente, apesar de estar contaminado, o teste exibirá um resultado negativo. Portanto, estipula-se que o teste seja realizado após três meses de uma possível contaminação.

Caso o resultado seja positivo, isso não significa que a pessoa esteja com AIDS, mas que ela possui o vírus causador da AIDS. Isso quer dizer que a pessoa pode ter uma vida praticamente normal por muito tempo sem desenvolver nenhum tipo de doença. Atualmente os medicamentos garantem um tratamento quase crônico da AIDS.

Existem basicamente quatro testes para se detectar o vírus da AIDS:

ELISA (*Enzime Linked Immunosorbent Assay*, ou "Ensaio imuno-enzimático") — Geralmente é o primeiro a ser feito, embora tenha ele alguma margem de erro. Caso o resultado seja positivo, realizam-se testes confirmatórios. O ELISA fornece o resultado em média duas a cinco horas depois, mas pode apresentar resultado falso-positivo. Sua principal desvantagem no Brasil é que os produtos químicos desse teste não se mantêm estáveis no clima tropical.

IFI — Reação de imunofluorescência indireta, que é o mais simples dos testes confirmatórios.

Western Blot — Esse método é mais caro. Contudo é o mais preciso e, além de detectar a presença de anticorpos para HIV, identifica e quantifica os componentes específicos do vírus, servindo também para acompanhar o estágio de infecção da pessoa.

PCR (*Polymerase Chain Reaction*) — Detecta a própria seqüência do vírus, e não o anticorpo, como nos demais testes. Contudo requer uma técnica de laboratório muito mais sofisticada, cara e nem sempre disponível.

5.5 Como se transmite a doença

A doença se transmite basicamente através do contato direto entre sangue, esperma ou secreções contaminadas pelo vírus. Em outras palavras, através de:

- sexo vaginal, anal[124] ou oral[125] com pessoa contaminada;
- contato com ferimentos ou regiões de boa absorção (olhos), por material sanguinolento e/ou secreções (vômitos, fezes e urina);

- recebimento de sangue e derivados de sangue contaminados;
- utilização de alicates de unha,[126] agulhas e seringas contaminadas pelo vírus;
- gestação, durante o parto, ou imediatamente após o parto (em recém-nascidos), ou após o nascimento, durante a amamentação (a amamentação na AIDS está proibida).

5.6 Como não se transmite a doença

- Relação sexual com único parceiro não-contaminado (no casamento);
- pratos, copos, talheres, ferramentas;
- tosse ou espirro;
- picada de insetos;
- contato com animais domésticos;
- alimentação;
- vestuário;
- aperto de mão;
- suor, lágrima ou saliva;
- piscinas ou saunas;
- doação de sangue com material descartável;
- bancos e cadeiras, tampas de vasos sanitários.

5.7 Até onde vai a proteção da camisinha?

Um tema extremamente comentado atualmente e grandemente divulgado em todos os veículos de comunicação é a utilização do preservativo. Também conhecido como condom, ou mais popularmente camisinha, é indicado como o único método totalmente seguro contra a contaminação pelo vírus da AIDS. A seguir, transcreveremos literalmente uma matéria da Revista do Conselho Federal de Medicina (Ano X, n. 82, maio 1997, p. 12), escrita pelo Dr. J. Elias Murad, médico farmacologista e deputado federal. Ele apresenta uma visão imparcial do assunto:

> O Ministério da Saúde desencadeou através da mídia, em nível nacional, uma ampla campanha do uso da camisinha (condom), especialmente nas festas de carnaval.
>
> Nada tenho contra as campanhas de esclarecimento da população no que diz respeito à prevenção de doenças, principalmente as DSTS (doenças sexualmente transmissíveis), inclusive a AIDS. Ao contrário, julgo que o esclarecimento cientificamente correto é a melhor arma que nós temos para prevenção. Até onde é cientificamente correta esta prevenção, em que um ministério — comprovadamente com poucos recursos — se dá ao luxo de gastar 4,5 milhões de reais na propaganda e na distribuição gratuita de 2,5 milhões de camisinhas.
>
> É sobejamente conhecido que o condom (camisinha), não protege nem impede a gravidez nas mulheres férteis, calculando-se em torno de 87% (87 pessoas em cada cem pessoas) seu índice de falha, restando, portanto, 13% como índice de fracasso. Outrossim, não se deve esquecer que o espermatozóide é 450 vezes maior do que o vírus da AIDS; assim sendo, em relação a ele, este índice de fracasso seria bem maior.

Alguns especialistas alegam que o HIV necessita do espermatozóide como veículo para transmitir a infecção e, destarte o seu tamanho tão menor, não seria propriamente um fator facilitador. Na verdade o vírus realmente necessita de fluidos orgânicos, e não propriamente do espermatozóide, no caso o líquido espermático. Tanto assim que sua transmissão ocorre por meio do sangue contaminado.

Há ainda, outros fatores a serem considerados. Um deles é o fato de que o período fértil das mulheres perdura em torno de sete dias dentro de um ciclo menstrual de vinte e oito, enquanto que o vírus está presente no infectado 7 dias por semana, 30 ou 31 dias por mês, 365 dias por ano! Isto aumenta sobremodo os riscos de contaminação.

Acrescente-se a isso o fato de que o látex da borracha não é totalmente impermeável. A esse respeito, o Dr. Evaldo D' Assumpção, membro da Academia Mineira de Medicina, enviou-me cópia de seu artigo, em que afirma: "Malcom Potts, especialista americano em AIDS, escreveu que o látex utilizado na fabricação de camisinhas, tanto como das luvas cirúrgicas, possui poros de até 5 micra de diâmetro (um mícron é o milésimo do milímetro), além das pequenas fissuras que podem surgir pela tração do látex". Ora, considerando-se que o vírus da AIDS tem 0,1 mícron de diâmetro, ou seja, 50 vezes menos do que os poros — com certeza as camisinhas, tanto quanto as luvas cirúrgicas, não se constituem barreiras 100% eficazes contra tais vírus.

Ele informa ainda que a Dra. Susan C. Welles, em pesquisa na revista *Social Science and Medicine*, em 1993, relata que as camisinhas apresentam 87% de eficiência na prevenção da gravidez e 69% na prevenção da transmissão do vírus da AIDS. São coisas como essas que as propagandas do "Bráulio", do "peru" e outras não dizem. Ao contrário, sugerem que se pode fazer sexo à vontade, livre e até promiscuamente, protegendo-se com o uso da camisinha.

Como podemos perceber, o uso da camisinha não se constitui uma proteção tão intransponível quanto se divulga (69%). Infelizmente, muitos estão arriscando suas vidas em noites de orgias, deixando suas (seus) esposas(os) em troca de emoções passageiras. Além de expô-las (os) ao vírus, como vem acontecendo em grande escala. Jesus é a solução segura!

5.8 As drogas e a AIDS

A AIDS está intrinsecamente ligada à questão das drogas, visto que algumas delas são manipuladas através do uso de seringas. Aliás, muitas drogas que contam com certa aprovação da sociedade, como o álcool, contribuem para a "liberação dos instintos sexuais". Como afirma Stekel:

> Em minha obra *Organismo e homossexualidade* tenho me referido às relações existentes entre os ciúmes e a homossexualidade e mencionei a freqüência com que, durante a embriaguez, tanto o homossexualismo como outros impulsos reprimidos saltam as barreiras inibitórias e se revelam abertamente. Tudo o que tenho dito em minha obra *Organismo e homossexualidade* sobre as relações entre a depressão e a homossexualidade é aplicável a eles. Em geral, trata-se de casos de bissexualidade evidente, nos quais os períodos de homossexualidade levam o indivíduo a beber.[127]

São imprescindíveis algumas orientações a respeito de alguns tipos de drogas mais utilizados no Brasil, bem como seus efeitos no viciado.

As drogas são definidas pelo Conen (Conselho Nacional de Entorpecentes) como produtos químicos (psicotrópicos ou psicoativos), de origem natural ou de laboratório, que produzem efeitos sentidos como prazerosos sobre o cérebro e o sistema nervoso central, os quais resultam em alterações na mente, no corpo e na conduta. A OMS (Organização Mundial de Saúde) acredita que os indivíduos mais inclinados ao uso de drogas:

- são desinformados das drogas e de seus efeitos;
- estão insatisfeitos com sua qualidade de vida;
- têm fácil acesso às drogas;
- demonstram uma personalidade vulnerável ou mal integrada;
- apresentam uma saúde deficiente.

O pastor Clebem Magalhães Lens César,[128] citando Collins, menciona outras causas do vício:

- ingestão de remédios (que tiram a dor e fazem a pessoa se sentir melhor);
- exemplo dos pais;
- influência cultural;
- pressão externa;
- vazio espiritual.

Clebem ainda acrescenta que os efeitos causados pelo uso de drogas são:

- *físicos*: referem-se aos problemas causados direta ou indiretamente ao corpo pelo uso das drogas;
- *psicossociais*: são manifestações da mente tomada pelo diabo, tais como comportamentos inconvenientes, reações emocionais injustificadas, negligências de cuidados pessoais (diminuição ou ausência) etc. Esses efeitos assumem características diferentes de acordo com o tipo de droga e o envolvimento;

- *na família*: ao tentar proteger e controlar o viciado, a família acaba tomando, por vezes, para si, a responsabilidade dele. Em outros casos, ocorre o completo afastamento da família, que já não suporta mais as atitudes do viciado;
- *espirituais*: não se pode ter nenhuma comunhão com Deus fazendo uso de drogas. O vício pode tornar-se um ídolo, ocupando o lugar de Deus.

Segundo Collins,[129] "a causa mais importante do abuso de drogas... é a existência de um vazio espiritual, religioso e existencial... À medida que o materialismo tornou-se um deus, houve uma humanização simultânea de Deus... Essa produção humana de Deus, porém, jamais conseguirá encher a sensação de vazio..."

A UNESCO distingue quatro tipos de usuários de drogas:

- *experimentador*: limita-se a experimentar uma ou várias drogas, em geral por curiosidade, sem dar continuidade ao uso;
- *usuário ocasional*: utiliza várias substâncias, quando disponíveis ou em ambiente favorável, sem rupturas nas relações afetivas, sociais ou profissionais;
- *usuário habitual ou funcional*: faz uso freqüente, ainda controlado, mas já se observam sinais de rupturas;
- *usuário dependente ou disfuncional (toxicômano, drogadito, dependente químico)*: vive descontroladamente pela droga e para a droga, com rupturas em seus vínculos sociais, além da marginalização e do isolamento.

Vale a pena lembrar que a experiência do uso das drogas funciona como algo seqüencial, variando de pessoa para pessoa, ou mesmo a partir do seu contexto social e familiar, entre outros fatores. Collins aponta os seguintes ítens a serem considerados no aconselhamento de indivíduos drogados:

- levá-los a uma fonte de ajuda pode ser difícil (principalmente alcoólatras que não assumem o vício);
- afastá-los da droga deve contar com o apoio médico para proporcionar a desintoxicação;
- forneça apoio. Os viciados são geralmente solitários e imaturos. Muitos precisam de ajuda 24 horas por dia;
- auxilie-os no controle da tensão;
- encoraje a autocompreensão e a mudança no estilo de vida;
- promova o aconselhamento familiar;
- esteja preparado para a recaída;
- reconheça que a evangelização e o discipulado são básicos.

Em um levantamento realizado em 1993 pelo Centro Brasileiro de Informações sobre Drogas Psicotrópicas[130] (CEBRID)[131] com estudantes de primeiro e segundo graus de dez capitais brasileiras – Belém, Belo Horizonte, Brasília, Curitiba, Fortaleza, Porto Alegre, Recife, Rio de Janeiro, Salvador e São Paulo – foram divulgadas as seguintes estatísticas: 22,8% dos adolescentes já haviam feito uso de drogas pelo menos durante uma vez e 3,4% haviam utilizado drogas seis ou mais vezes nos trinta dias que antecederam a pesquisa. Concluiu-se ainda que 80,5% desses estudantes haviam feito uso de álcool pelo menos uma vez, e 18,6% haviam utilizado o álcool seis ou mais vezes nos últimos trinta dias que antecederam a pesquisa.

Diante desses fatos, os pesquisadores continuam a enfatizar uma participação mais integral na orientação e no acompanhamento das crianças. Com certeza, a igreja tem um importante papel a cumprir nesse sentido. O evangelismo infantil, bem como o de adolescentes e jovens, deve ser intensivo. Seguem, abaixo, algumas tabelas com as drogas mais utilizadas, segundo a sua classificação:

DEPRESSORAS	ESTIMULANTES	PERTURBADORAS
Bebidas alcoólicas	Anfetaminas	Maconha
Calmantes, Ansiolíticos	Cocaína[132]	LSD
Opiáceos	Cafeína	Ayahuasca
Barbitúricos	Nicotina	Cogumelo
Inalantes (solventes)	Anorexígenos	Datura

DROGAS	NOME	VIA DE USO	EFEITO	DEPENDÊNCIA
Álcool	Mé; Birita; Pinga	Oral	Desinibição; Tremores Alucinações	Sim
Tranqüilizantes	Lexotan Valium Diazepan Dienpax	Oral ou Injetável	Sedação Sonolência Diminuição de reflexos psicomotores Desorientação Embriaguez	Sim
Hipnóticos	Gadernal Comital			Sim
Inalantes e Solventes	Éter, Verniz Clorofórmio Gasolina	Nasal	Tontura, Euforia Desorientação Alucinações	Sim
Opiáceos	Pambenyl Heritós	Oral	Alucinações Hipotensão	Sim
Cafeína	Chá mate Chá preto Café, Cebola Noz de guaraná	Oral	Taquicardia[133] Nervosismo	Sim
Nicotina	Fumo,Tabaco Cigarro	Oral Nasal	Doenças do coração e do pulmão	Sim

DROGAS	NOME	VIA DE USO	EFEITO	DEPENDÊNCIA
Cocaína	Pó Neve Brizola Bright Branquinha Pico e Crack	Oral Nasal Injetável	Irritação Insônia Inapetência Convulsão Idéias de perseguição	Sim
Anfetaminas	Bolinha Bola Rebite Ice	Oral Injetável	Insônia, Delírio Irritação Agressividade Convulsão	Sim
LSD (ácido lisérgico)[134]	Ácido Viagem Trip	Oral	Hilaridade,[135] Má viagem, Alucinações, Delírio	Sim
Maconha[136] (Marijuana, *Canabis*)	Erva, Fumo Fininho Baseado Diamba Bagulho	Fumado	Desorientação Má viagem Taquicardia Desmotivação Oligospermia[137]	Sim
Chá de Cogumelo	Chá Cogu	Oral	Desorientação Alucinação	Não
Datura	Zabumba, Lírio Trombeta Sala branca	Oral	Desorientação Alucinação, Convulsão Delírio	Não
Daime[138]	Chá	Oral	Ilusão	Não

5.9 A AIDS E O HOMOSSEXUALISMO[139]

Segundo Abraão de Almeida,[140] o termo homossexual aplica-se à colaboração entre duas pessoas do mesmo sexo com vistas à obtenção de prazer sexual, podendo estas pessoas serem tanto homens como mulheres.

Sua origem bíblica está em Sodoma e Gomorra, mas teve alguns outros redutos como o Egito, onde a relação sexual entre homens era considerada comum. Na Grécia, os adolescentes do sexo masculino, durante certo período, mantinham relações sexuais com outros homens mais velhos com objetivo educacional e afetivo. Atualmente alguns lugares se tornaram símbolo do homossexualismo, como afirma Almeida: "Em São Francisco e em outras grandes cidades norte-americanas, homens e mulheres homossexuais desfilam no Dia da Liberdade, portando cartazes e faixas na tentativa de convencer a sociedade a aceitá-los com seu estilo de vida".

A Bíblia condena expressamente o homossexualismo, definindo-o como uma prática antinatural e abominável: "Pelo que Deus os abandonou às paixões infames.[141] Porque até as suas mulheres mudaram o uso natural, no contrário à natureza. E, semelhantemente, também os varões, deixando o uso natural da mulher, se inflamaram em sua sensualidade uns para com os outros, varão com varão, cometendo torpeza e recebendo em si mesmos a recompensa que convinha ao seu erro.[142] E, como eles se não importaram de ter conhecimento de Deus, assim Deus os entregou a um sentimento perverso, para fazerem coisas que não convêm" (Rm 1.26-28).

Outro exemplo registrado na Bíblia sobre o homossexualismo encontra-se na passagem que fala acerca da destruição de Sodoma e Gomorra: "E, antes que se deitassem, cercaram a casa os varões daquela cidade, os varões de Sodoma, desde o moço até ao velho; todo o povo de todos os bairros. E chamaram Ló, e disseram-lhe: Onde estão os varões que a ti vieram nesta noite? Traze-os fora a nós, para que os conheçamos" (Gn 19.4,5).

Vivemos em tempos difíceis. Entre as décadas de 60 e 70 ocorreu uma verdadeira revolução sexual, principalmente devido ao aparecimento dos anticoncepcionais. Além disso, nesse tempo ocorreu a revolução *hippie* com o lema: "Faça amor, não faça guerra". Os Beatles disseminaram um sentimento de rebeldia profunda, principalmente entre os jovens. Eles chegaram a afirmar que eram mais populares que Jesus Cristo. No Brasil, artistas como Raul Seixas, Rita Lee, Caetano Veloso, Ney Matogrosso, entre outros, seguiram o estilo Tropicália, que é a versão brasileira desse movimento.

Atualmente a mídia tem reforçado positivamente os padrões de homossexualidade, estabelecendo-os como normais. São novelas, comerciais de alimentos, chuveiros, conjuntos de rock, campanhas de prevenção à AIDS, debates, matérias em jornais, filmes etc. A família vem sendo destruída e tornando-se vítima da imoralidade generalizada.

Com essa onda de separações de casais e desmantelamento da família, os filhos acabam perdendo os referenciais paternos, isso sem falar dos pais que nem sequer se importam com os seus filhos, deixando-os sujeitos somente a babás, e o que é pior, à babá eletrônica: a televisão. Ela invade a mente dos pequeninos com os seus costumes e "verdades" distorcidas e diabólicas.

Fala-se em casamento de homossexuais como se isso fosse uma condição natural que deve ser respeitada e, segundo eles, aderida. Algumas seitas, como a Igreja Brasileira,[143] já vêm, há algum tempo, apoiando essas abominações. Além disso, a seita Os Meninos de Deus, liderada por David Berg, promove orgias sexuais entre os seus adeptos, considerando corretos a sodomia e o lesbianismo.[144]

Em um documentário que assisti recentemente, assustei-me com a entrevista de algumas pessoas. O primeiro impacto ocorreu-me ao ver um jovem com cerca de 17 anos, completamente travestido, afirmando: "A homossexualidade é o destino natural da evolução humana". Ele estava tentando assegurar que em breve a humanidade será um grande reduto de homossexualismo generalizado. O segundo se deu ao mostrarem as casas de show e danceterias voltadas para o público homossexual. Nesse contexto, várias pessoas deram seus depoimentos acerca da discriminação, salientando a necessidade de se manterem anônimas.

Abraão de Almeida[145] relata dados do Guia de Stamford, ou *Guia gay internacional Spartacus*, — um guia de casas e ambientes para homossexuais (veja abaixo):

No final das entrevistas, fiquei deveras entristecido com a matéria referente ao assassinato de travestis, que nestes últimos anos tem aumentado nitidamente.

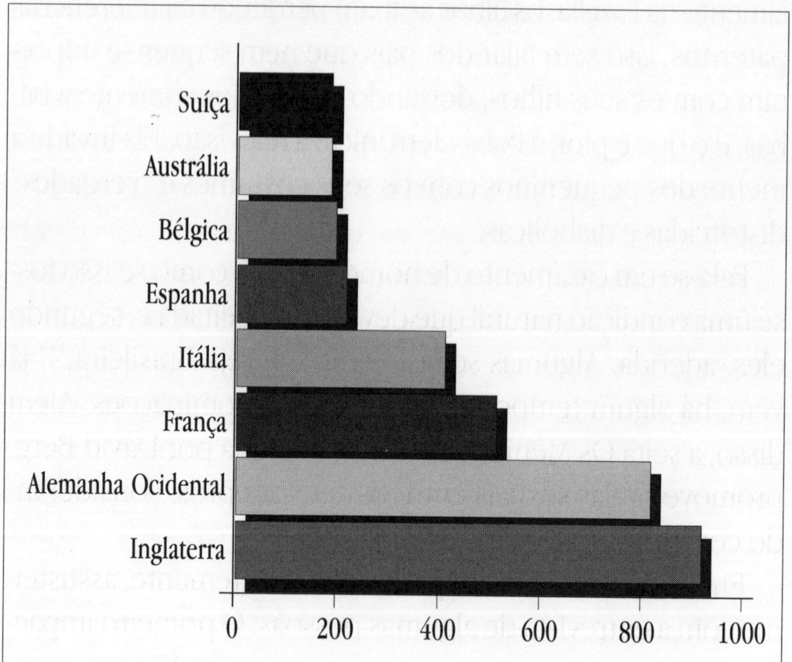

O homossexualismo não é uma doença, como pensava Alberto Magno. Este, segundo Abraão de Almeida, era um religioso dominicano que, após pesquisar estudos árabes, supôs que um pó (talco) à base de pêlo de hiena, aplicado na região anal do "paciente" o curaria de desejos homossexuais. Contudo, é fato que algumas doenças, como a ausência dos testículos no homem ou problemas mentais, podem levar o indivíduo a uma atitude homossexual. Segundo Collins, o homossexualismo é aprendido, podendo ser também desaprendido, e, para que a nossa ajuda aos homossexuais seja eficiente, devemos nos livrar dos estereótipos. Essas pessoas precisam ser amadas, e não rejeitadas. Devemos amá-los não como homossexuais, mas como pecadores perdidos que precisam de Deus. Afinal de contas, não é bíblico afirmar que o homossexualismo é um pecado maior que os demais pecados, tais como a mentira, a omissão, a soberba, a ira e o preconceito. Por outro lado, para que tenhamos maior êxito nessa difícil tarefa, precisamos levar o indivíduo homossexual a enfrentar com franqueza a sua homossexualidade. Desse modo, ele sentirá o sincero desejo de mudar de comportamento, tornando-se disposto a abandonar seus companheiros homossexuais, bem como evitar os antros do homossexualismo que freqüentava. Deverá também se dispor a abandonar as drogas ou o álcool, os quais, como já afirmamos, tornam vulnerável qualquer indivíduo com esse problema. Em suma, deverá sentir o desejo de abandonar o pecado, entregando sua vida a Cristo.[146]

Collins[147] afirma que existem basicamente quatro causas para o homossexualismo:

1. Relacionamento entre pais e mães — Ocorre principalmente nas famílias em que a figura do pai é passiva e ineficaz, enquanto a mãe é dominadora. Pelo fato de não ter um exemplo masculino forte, o filho poderá posteriormente sentir-se menos competente para relacionar-se com as meninas. As filhas dessa família poderão perceber desunião em seu meio e rejeição, o que as motivará a relacionar-se melhor com mulheres;

2. Outros relacionamentos familiares

- As mães, por desconfiarem ou sentirem medo das outras mulheres, ensinam os filhos a adotar o mesmo pensamento;
- as mães, por desconfiarem ou sentirem medo dos homens, ensinam as filhas a adotar o mesmo pensamento;
- o filho convive com muitas mulheres: tias, irmãs, primas etc. e, por isso, aprende a pensar como elas;
- os pais desejavam um filho ou filha e tiveram uma criança do sexo oposto à sua vontade. Então, sutilmente, criam a criança com as características do sexo desejado por eles;
- o filho é rejeitado pelo pai e sente-se inadequado como homem;
- a filha é rejeitada pela mãe e sente-se inadequada como mulher;
- os pais temem o sexo, silenciam o assunto em casa ou até mesmo o condenam. Com isso, a criança pode formar uma visão distorcida do sexo e procurar o ajuste heterossexual;
- a criança se apega demais à mãe, convencendo-se de que nenhum parceiro poderia comparar-se à figura materna.

3. Medo — Talvez devido à falta de contato com pessoas do sexo oposto ou experiências traumáticas com essas pessoas.

4. Escolha deliberada — O indivíduo acredita que já nasceu homossexual.

Para ilustrar a complexidade do problema, citarei duas experiências que obtive com pacientes HIV positivo. A primeira se deu no início do meu ministério. Entrei numa enfermaria e deparei-me com uma "mulher" trajando um *baby-doll* cor-de-rosa. Seus cabelos eram longos, naturalmente compridos, porém tingidos de louro, e suas unhas eram compridas e estavam pintadas de vermelho rutilante. Tinha os seios fartos, e confesso sinceramente que não consegui diferençá-lo de uma verdadeira mulher. Pensei tratar-se de uma prostituta, tamanha era a deformação do corpo daquele rapaz. Dirigi-me a ele e, sem distingui-lo, disse: "Como está a senhora?" Ele, contudo, manteve sua atitude como se realmente fosse uma mulher e respondeu-me com naturalidade. Conversamos por alguns momentos, até que, após anunciar-lhe o Evangelho, perguntei-lhe se tinha o desejo de receber Cristo como seu Salvador. Então, ele me disse que o tipo de vida que levava não permitiria que seguisse o Evangelho. Achei que ele fosse uma prostituta e insisti em que Deus poderia ajudá-lo a sair daquela vida. Contudo, apesar de minha insistência, ele recusou. Perguntei se desejava uma oração. Ele respondeu que sim, oramos e saí do quarto.

Fui até o prontuário, pois tinha livre acesso por ser estudante e, procurando o número de seu leito, descobri que na verdade aquela pessoa era um travesti. Fiquei extremamente frustrado por sentir-me enganado. Naquela ocasião, pedi para ser substituído por outra pessoa.

O segundo caso ocorreu há pouco tempo. Entrei em um quarto e deparei-me com um homem que exibia uma aparência masculina, mas era homossexual. Ao perceber a sua preferência sexual, agi com naturalidade, comunicando-lhe o amor e o perdão de Cristo. Mostrei-lhe que Deus o amava e estava interessado pela sua vida. Após muita conversa, apesar de não ter se decidido a Cristo, disse-me que sinceramente estava desejoso de visitar algumas igrejas evangélicas, assim que saísse do hospital. Orei por ele e me despedi. No dia seguinte, ele havia saído do hospital para sua casa. O seu companheiro de quarto, que era um cristão novo convertido, contou-me que aquele homem lhe dissera que havia decidido ir até uma igreja e que naqueles dias uma pessoa (eu) havia lhe falado de Cristo, palavras que o alegraram muito.

Sei que evangelizar homossexuais não é fácil, mas se colocarmos o Senhor na frente de nossos trabalhos e agirmos com amor, evitando julgamentos ou colocações impensadas, certamente teremos êxito, para a glória de Deus. Não podemos também esquecer que algumas coisas só se adquirem por meio de experiências, sejam boas ou más.

5.10 Grupo de Amigos: o desafio de recuperar homossexuais

Em excelente matéria publicada no jornal *Mensageiro da Paz*,[148] lemos a história de Carlos Henrique Bertilac da Silva, fundador do Grupo de Amigos, hoje Centro de Atenção e Atendimento à AIDS. Esse grupo tem como objetivo proporcionar ajuda terapêutica num trabalho de recuperação de homossexuais, além de auxiliar juridicamente os doentes. Os participantes dessa obra são estagiários, colaboradores e profissionais liberais que emprestam seu tempo para a obra de Deus em função do restabelecimento físico, moral, espiritual e psicológico dos que ali se dirigem à procura de ajuda. Além disso, o grupo possui um programa de atenção especial aos portadores da AIDS, instalado numa sala do calçadão Yollanda Saad Abuzaid, nº 51, sobreloja 232, em Alcântara, São Gonçalo, RJ, CEP 24710-460. Esse centro de atendimento oferece tratamento especial aos pacientes, de segunda à sexta-feira, de 8h às 19h, com a parceria do Dr. Jairo Rocha, da Igreja Metodista. O trabalho é financiado pelo Ministério da Saúde e atende também pelo Disque AIDS: (021)701-7800, telefax: 701-5231, com sigilo absoluto.

O grupo conta com a Casa de Apoio e Reintegração Social Reviver, que tem como objetivo atender principalmente os portadores do HIV em estágio assintomático. O atendimento é completamente gratuito e funciona na rua Osvaldo Mendonça Campos, lote 14, quadra 126, Vista Alegre, São Gonçalo, RJ. O Projeto Reviver recebe ajuda de voluntários e doações para os doentes. Eles possuem psicólogos que promovem aconselhamento individual, advogados e outros. Oferecem trabalhos de mútua ajuda, palestras, encontros, cursos etc.

Os contatos por carta são feitos através de duas caixas postais: em São Gonçalo, RJ, Caixa Postal 50.010, CEP 20062-970; em São Paulo, SP, Caixa Postal 25.018, CEP 05599-970.

O grupo está aberto a todos os que sofrem desse problema sexual, o homossexualismo, inclusive desviados da igreja e filhos de crentes que não têm coragem de compartilhar seus conflitos interiores. O Reviver está aí para mostrar que solidariedade continua sendo a porta aberta que Deus procura para agir em favor desse segmento tão sofrido.

Capítulo 6

OS CUIDADOS COM DOENTES SOROPOSITIVOS EM NOSSAS CASAS

E, aproximando-se, atou-lhe as feridas, aplicando-lhes azeite e vinho; e, pondo-o sobre a sua cavalgadura, levou-o para uma estalagem e cuidou dele.
Lucas 10.34

Com o avanço da tecnologia médico-hospitalar, que a cada dia torna mais fácil o tratamento de inúmeras doenças, já é possível manter artificialmente vivas pessoas que naturalmente não sobreviveriam se estivessem sendo tratadas há cinqüenta anos. Há pouco tempo, somente os casos mais graves eram cuidados no hospital. As pessoas com doenças terminais morriam acompanhadas de seus parentes e amigos. A depressão era mais branda, o sentimento de solidão menos intenso, o número de casos de infecção hospitalar era menor, e tudo isso porque em casa, no seio da família, o doente podia encontrar ambiente ótimo, exceto em alguns casos,[149] para um próspero restabelecimento.

> Hoje, na maioria dos países, existem números significativos de pessoas com doenças decorrentes do HIV, aumentando assim a pressão sobre os serviços de saúde. Em 1992, os países em desenvolvimento gastaram 340 milhões de dólares em assistência médica para pessoas soropositivas, o que, em alguns casos, chegou a cerca de um terço do orçamento nacional, destinado à saúde. Um estudo feito na Zâmbia mostrou que metade das despesas diárias com pacientes nas enfermarias de um hospital central ficaram por conta de pessoas com doenças decorrentes do HIV... As pessoas soropositivas raramente precisam ser internadas durante muito tempo, e a hospitalização temporária só é necessária para alguns tipos de exames e tratamento ou uma eventual terapia intensiva.
>
> Muitas pessoas preferem ser tratadas em casa, desde que tenham apoio e os recursos necessários. A maior parte das infecções causadas pelo HIV, como a diarréia, tosse e febre, podem ser tratadas em casa com orientação e apoio de um agente de saúde.[150]

Vale a pena informar que o Ministério da Saúde iniciou um serviço de atendimento domiciliar, conforme relatado na revista *Homecare*:[151]

> O Programa Nacional de Doenças Sexualmente Transmissíveis (DST/AIDS), do Ministério da Saúde, iniciou mês passado um sistema inédito de atendimento aos pacientes com AIDS em suas casas (Homecare), onde receberão cuidados médicos e psicológicos e o coquetel de drogas contra a doença. O chamado Sistema de

> Assistência Domiciliar Terapêutica (ADT), inspirado no modelo francês, já teve a imediata adesão de 20 hospitais, ambulatórios e centros de saúde do país, dois deles no Estado do Rio de Janeiro: o Hospital Geral de Nova Iguaçu e o Hospital dos Servidores do Estado, no Rio. Médicos, enfermeiros, assistentes sociais e psicólogos já estão sendo treinados... Já o fizeram (se credenciaram ao programa) hospitais no Rio (dois), Piauí (um), Pernambuco (um), Minas Gerais (quatro), Espírito Santo (um) e São Paulo (oito)... O atendimento domiciliar considera a possibilidade de o paciente ser mantido em seu domicílio, servido por uma equipe clínica multidisciplinar[152] e alguns recursos hospitalares que assegurem a assistência médica, dividindo com a família os cuidados com o paciente.

O sistema resulta em melhoria da qualidade de vida do paciente, antes exposto à infecção hospitalar e a infecções oportunísticas, além de diminuir os gastos com o Sistema Único de Saúde (SUS).

6.1 Principais cuidados

Não temos a pretensão de fazer um tratado sobre o assunto em questão. Contudo, apresentaremos apenas alguns tópicos baseados em trabalhos publicados por especialistas no assunto, a fim de auxiliar aqueles que têm parentes ou amigos com AIDS sendo tratados em casa.

A AIDS não é contraída pelo contato diário. O risco aumenta à medida que a pessoa que assiste o doente entra em contato direto com o material contaminado, porém poucas foram as pessoas infectadas pelo vírus, mesmo entrando em contato direto com esse tipo de material. A tábua sanitária, a água, o ar, alimentos, insetos, nada disso pode contaminá-lo.[153]

É de suma importância usar luvas de borracha, caso tenha que entrar em contato com o sangue ou fluidos corporais manchados de sangue. Em caso de corte ou ferimento de qualquer espécie, cubra-os com esparadrapo. Use também luvas ao lidar com fezes, urina ou vômito.

Para cuidar do doente existem luvas cirúrgicas, que devem ser usadas uma única vez. Ao realizar o asseio no ambiente (cama, chão etc.), use luvas de borracha como aquelas utilizadas pelos lixeiros, feitas com material mais grosso. Elas poderão ser reaproveitadas após lavadas e desinfetadas através de imersão em solução de água sanitária por vinte minutos a meia hora.

É muito importante lavar sempre as mãos antes e após o contato com o doente. Caso o paciente esteja com sangramento, deve-se utilizar um avental, um óculos do tipo piscina, máscara e luvas.

As agulhas já utilizadas nunca devem ser tampadas. Após o uso, elas devem ser imediatamente jogadas em recipientes fechados e descartáveis à prova de punção (potes plásticos de material duro, latas fechadas etc.). É necessário manter esse recipiente bem tapado e, se possível, identificado como material contaminado, longe do alcance de crianças e visitantes.

Em caso de acidente com agulha infectada, esprema bem o local, retirando o máximo de sangue, lave com sabão e água corrente e com substâncias à base de iodo ou água oxigenada. Em seguida, entre em contato com um médico, mesmo que a pessoa acidentada também tenha o vírus.

Não é necessário separar os pratos de doentes com AIDS. Eles devem ser lavados normalmente com sabão ou detergente e água quente, ou, se for o caso, separados de forma velada, para que o doente não se sinta discriminado.

Pessoas com AIDS podem cozinhar, desde que não estejam com diarréia, já que é contagiosa nesse nível da enfermidade. Porém, não devem compartilhar escovas de dentes ou navalhas, visto que esses objetos podem causar sangramentos. Jogue no vaso sanitário todos os líquidos que contenham sangue. Materiais como toalhas de papel, gaze, algodão e outros produtos que não possam ser jogados na privada devem ser postos em sacos plásticos bem lacrados e colocados em latas de lixo, se possível incinerados. Você pode contactar ainda uma companhia local de lixo que possua algum serviço de coleta de materiais hospitalares.

6.1.1 Receita de um desinfetante

1 colher de água sanitária
250 ml de água (garrafa de refrigerante)

Em uma garrafa de 1.500 ml (superlitro), podem ser colocadas seis colheres de água sanitária. Essa solução pode ser usada na limpeza diária de pisos, vasos sanitários, banheiras etc. Essa

Fórmula	Tempo para desinfecção[154]	Tempo de esterilização[155]
Glutaraldeído	30 minutos	10 horas no ambiente
Água oxigenada (10 vol.)	30 minutos	———
Diclorehexidiene (cloridene dióxido)	30 minutos	6 horas no ambiente
Hipoclorito de sódio 1% (água sanitária)	30 minutos	———
Fervura	100 graus Celsius (água fervendo)	30 minutos

* Outras fórmulas eficazes na desinfecção e esterilização de ambientes

solução só vale por 24 horas, devendo ser rapidamente substituída por uma nova após o término do prazo de validade.

6.1.2 Como proteger os doentes portadores do vírus e doentes com AIDS

As pessoas com AIDS devem evitar o contato com outras pessoas que apresentem doenças contagiosas até o desaparecimento dos sintomas, e isso inclui resfriados, gripes, gastroenterites (tipo de diarréia).

Se a pessoa estiver resfriada ou com gripe, o visitador ou cuidador deve utilizar máscara do tipo cirúrgica e lavar bem as mãos antes de tocar o doente. Caso ele esteja com infecções cutâneas (de pele), como pápulas (espécie de bolha), vesículas de febre (herpes Simplex) ou cobreiro (herpes Zoster), o visitante ou cuidador deve evitar o contato (toque sem luvas).

Todos os que cuidam ou convivem com um doente de AIDS devem estar sempre em dia com as vacinas de infância, não somente para a sua própria proteção como para proteger o doente.

Caso o paciente seja vítima da tuberculose, o acompanhante deve procurar um posto de saúde para realizar um teste chamado PPD e, caso não seja reativo ao bacilo da tuberculose, deve solicitar nova dose da vacina BCG. Isso protegerá o acompanhante de contrair alguma forma grave de tuberculose, contudo, mesmo depois da vacinação, deve-se utilizar máscara quando em contato com o doente.

Uma pessoa com varicela nunca deve freqüentar o mesmo ambiente que uma pessoa com AIDS, até que todas as lesões tenham cicatrizado.[156]

6.1.3 Como manipular os alimentos para um doente com AIDS

- Evite leite cru;
- não permita que o paciente coma ovos crus. Lembre-se de que eles podem estar presentes na maionese caseira, em molhos, nos sorvetes caseiros, doces, frutas, assim como em outros alimentos que possam parecer saudáveis;
- lave as mãos antes de manipular qualquer alimento e quando passar de um alimento para outro;
- lave todos os utensílios antes de voltar a usá-los com outros alimentos;
- use tábuas de cortar de plástico para melhor limpeza;
- lave bem os vegetais frescos, se possível, mergulhe-os por meia hora numa bacia contendo água e um pouco de vinagre;
- verifique se as carnes estão bem cozidas e se não estão rosadas por dentro ou com sangue;
- evite, na medida do possível, peixe cru ou frutos do mar e as carnes de aves mal cozidas. Elas podem causar problemas;
- lave bem as mãos caso toque na saliva e na urina. Muitas pessoas com AIDS estão infectadas também por um vírus chamado citomegalovírus que pode estar presente nesses líquidos.

6.1.4 Controle da infecção[157]

- Mantenha a casa limpa;
- lave bem as mãos antes de cozinhar e comer, depois de ir ao banheiro ou quando tossir;
- lave pratos, roupas de cama e panos de prato com água e sabão;

- coloque o lixo em recipientes ou queime-o;
- evite contato com sangue ou outras secreções corporais;
- lave as mãos sempre que pegar em objetos sujos.

6.1.5 Problemas de pele

- Lave as feridas abertas com água e sabão e mantenha sempre a pele seca. Água com sal pode ser um ótimo desinfetante em ferimentos leves e superficiais;
- aplique remédios tópicos[158] nas erupções da pele, tipo óleo de coco ou loção de calamina (produtos vendidos em farmácias).

Quando a pessoa está fraca e fica muito tempo deitada sem mudar de posição, a pressão na pele causa o aparecimento de escaras.[159] Sempre que possível, é preciso tirar a pessoa da cama. Quando não conseguir ficar sentada, mude-a de posição a cada duas horas (em caso de formação de escaras, o prazo poderá diminuir para meia hora ou de acordo com as necessidades do doente). Vire-a de lado (posição de decúbito lateral direito ou esquerdo), de costas para a cama (posição supina), de bruços (posição pronada) e assim por diante. Use travesseiros macios ou vários lençóis sobrepostos. Massageie levemente a pele escurecida, avermelhada ou irritada. Evite deixar o paciente urinado, sobre lençóis molhados de urina ou amassados, pois as dobras do tecido aumentam o risco de escaras. Procure, se possível, utilizar colchões de água ou colchões e travesseiros comercialmente conhecidos como casca de ovo, pois esses produtos reduzem os riscos de formação de escaras. Lembre-se de que os materiais plásticos e sintéticos elevam a temperatura quando em contato com o corpo, aumentando o risco de ferimentos na pele. Portanto, dê preferência aos tecidos de algodão para forrar a cama e para vestuário do paciente.

6.1.6 Dores na boca ou garganta

- Faça-o bochechar com água morna misturada com uma pitada de sal pelo menos três ou quatro vezes ao dia, caso não haja nenhum medicamento prescrito pelo médico;
- dê-lhe fatias de tomate fresco ou limão para chupar quando estiver com sapinho (candidíase oral);
- ofereça alimentos brandos e sem muito tempero.

6.1.7 Febre e dores

- Esfregue e massageie os músculos doloridos com óleo;
- mantenha o ambiente silencioso, com pouca luminosidade e bem arejado;
- procure um médico para que possa prescrever, caso seja necessário, um medicamento;
- banhe, em casos de febre, o corpo com água a 26 graus (podendo ou não adicionar um pouco de álcool[160]) com um pano limpo ou enxugue a pele com panos úmidos;
- faça-o beber mais líquidos frescos (nunca quentes): sucos, chá, caldo de carne (caso não haja contra-indicações médicas);
- não use cobertores ou roupas grossas;
- coloque toalhas úmidas e frias nas axilas e virilhas; torne a umedecê-las quando estiverem mornas;
- verifique a temperatura a cada 15 minutos, enquanto perdurar a febre. Após cessar o estado febril, depois de meia hora, meça a temperatura e, se a febre não tiver retornado, continue verificando com intervalos de duas a quatro horas;
- entre em contato com um médico, caso a febre persista.

6.1.8 Tosse e dificuldade de respirar

- Verifique se a pessoa está com pneumonia ou tuberculose (quando estiver tossindo muito forte ou durante mais de três semanas) e procure um profissional de saúde (médico) para que ela possa ser examinada;
- cubra a boca quando tossir, em casos de febre, dor no peito ou, se a pessoa estiver cuspindo sangue, peça-lhe para procurar um médico;
- apóie a cabeça e o dorso com travesseiros para facilitar a respiração e, se estiver assustada, sente-se com a pessoa para acalmá-la;
- deixe as janelas abertas para que o ar circule;
- mantenha a pessoa sentada sempre que possível e levante a cabeça dela com travesseiros para ajudá-la a respirar.

6.1.9 Diarréia

A diarréia se caracteriza por perda de três a dez litros de líquido por dia, associada a dores abdominais. O retorno do organismo ao estado normal demora em média três a oito dias. É, sem dúvida, o problema mais freqüente para o soropositivo, principalmente se este não se alimenta bem ou não possui uma boa higiene na preparação dos alimentos. Citaremos alguns cuidados que se deve manter nesses casos:

Como evitar:

- não ingerir nada sem antes lavar as mãos;
- não comer em locais onde se possa desconfiar da higiene na manipulação e conservação dos alimentos;

- o paciente, caso já não esteja com diarréia, deve lavar, descascar e preparar seus próprios alimentos;
- não consumir alimentos conservados à temperatura ambiente e expostos à umidade, como por exemplo o leite fresco não pasteurizado, a água de torneira, os hambúrgueres e os alimentos crus porque são perigosos.
- não ingerir alimentos que possam piorar a diarréia, tais como: leite e derivados; gorduras e frituras; fibras insolúveis (farelo de trigo, pão integral, leguminosas e folhosos); cafeína; bebida alcoólica; adoçantes artificiais que contenham manitol ou sorbitol; açúcar em excesso e doces.
- repor líquidos e eletrólitos tomando soro caseiro, água de coco, sucos e sopas, caldos, água de arroz, caldo de banana verde, caldo de maçã, chá de broto de folha de goiaba;
- utilizar farinha de banana verde: descasque a banana-nanica verde e depois corte em rodelas bem finas. Arrume-as em um tabuleiro (limpo) e deixe secar ao sol. Quando estiverem bem secas, bata no liqüidificador e peneire.

Como tratar:

- impeça a desidratação, usando imediatamente sais para reidratação oral ou soro caseiro (quatro colheres rasas de açúcar e meia colher de chá de sal em 1 litro de água fervida) ou procure o posto de saúde mais próximo;
- faça a pessoa beber mais líquidos e continuar mantendo suas refeições com regularidade, comendo mingaus ou banana amassada;

- lave as nádegas e o ânus com água morna e sabão após cada evacuação, mantendo a pele seca e limpa;
- evite que o paciente ingira alimentos gordurosos e frituras ou consuma fibras, cafeína presente no café e em alguns chás;
- não permita que o doente consuma leite e os seus derivados (esse produto pode ser de difícil absorção devido a uma substância chamada lactose[161]);
- procure utilizar em suas refeições alimentos que sejam de fácil digestão, tais como: frutas cozidas, legumes cozidos, torradas e arroz.

Pode-se usar também em sua alimentação água de coco, suco coado, sopa rala de legumes, água de arroz, caldo de banana verde e de maçã. O pó de banana verde vem apresentando bons resultados no tratamento da diarréia.

Quando se tratar de diarréia severa, com perda de mais de oito litros de líquido em 24 horas, seguida de uma eliminação de sangue e acrescido de um quadro clínico de febre e vômito, é preciso consultar o médico, pois talvez seja necessário o uso de antibióticos.

Vale ressaltar que os alimentos cozidos e mantidos em calor superior a 59 graus não apresentam muito perigo.

Os alimentos abaixo relacionados ajudam a controlar a diarréia[162]:

- leite de soja;
- iogurte natural com lactobacilos;
- alimentos com pouca gordura;
- alimentos com fibras solúveis.

6.1.10 Como deve ser o tratamento odontológico do paciente HIV positivo

As pessoas HIV positivas necessitam, além dos cuidados médicos, de atendimento odontológico criterioso, que abrange dois tipos de abordagem.

A primeira é o tratamento dentário tradicional, que visa eliminar as formas mais comuns de infecção bucal, que são a cárie e a doença periodontal, além da orientação para os cuidados de higiene bucal para a prevenção de novas infecções.

Esse tipo de atendimento pode e deve ser realizado por todos os dentistas, segundo o código de ética odontológico, em nada diferindo do atendimento prestado a outros pacientes. As normas de biossegurança são recomendadas para todos os pacientes e não são, de modo algum, exclusivas daqueles subitamente portadores de alguma forma de infecção.

A outra forma de abordagem seria com relação às manifestações bucais que a manifestação do HIV apresenta. Muitas vezes essas alterações representam os primeiros sinais clínicos da doença, podendo alertar o dentista para a suspeita de infecção pelo HIV e encaminhamento adequado do caso.

As lesões bucais mais comumente associadas são candidíase, leocoplasia pilosa, doença periodontal associada ao HIV, sarcoma de Kaposi, herpes, ulcerações atípicas, entre outras. O diagnóstico precoce de qualquer alteração bucal favorece um tratamento e melhor recuperação para o paciente. Orientamos para a prevenção: visitas periódicas ao dentista e a realização de auto-exames periódicos, em frente ao espelho, observando atentamente todas as partes dos tecidos bucais.[163]

É fundamental que todo material utilizado pelo dentista seja completamente esterilizado; de preferência, descartável. Exija que todo material seja aberto na sua frente.

6.2 Principais doenças na AIDS

Existem alguns sintomas e enfermidades muito comuns na AIDS, tais como: falta de apetite, gânglios infartados, diarréias, náuseas, cansaço, perda de peso, coceira e descamação da pele (infecções como a sarna), febre, suores noturnos, dores nas juntas, incapacidade de concentração, perda de memória, depressão e mudanças bruscas de humor. Também existem patologias mais complexas. Vejamos:

6.2.1 Citomegalovírus (CMV)

O CMV é um vírus do grupo do herpes. Geralmente provoca doença nos olhos (retina) e/ou no intestino de pessoas com AIDS, podendo também infectar outras partes do corpo: rins, pulmões, bexiga, garganta e cérebro.

Sinais e sintomas:

- visão embaçada;
- alterações na visão, tais como pontos que se movem, chamados flutuantes;
- impressão de estar com um véu diante dos olhos;
- diarréia;
- dor abdominal;
- perda de peso;
- febre;
- perda do apetite;
- dificuldade para engolir os alimentos;

- formigamento nos pés e nas mãos;
- cor amarelada na pele.

Caso você apresente algum desses sintomas, procure um hospital imediatamente, pois o diagnóstico precoce é de suma importância para um tratamento adequado.

6.2.2 Sarcoma de Kaposi

É mais freqüente nos homens, podendo aparecer quase que unicamente em homens com passado homossexual ou bissexual, sendo a proporção de oito homens para cada mulher afetada[164] (no tipo endêmico). É também comum nas mulheres africanas e/ou infectadas por bissexuais. Trata-se de um tumor nos vasos sangüíneos, embora também seja encontrado em órgãos do corpo como no cérebro, tubo gastrointestinal, fígado, pulmões, ossos etc. Causa lesões múltiplas de tamanhos e formatos variáveis, sendo os casos mais comuns as formas nodulares, floridas ou em couve-flor, infiltrativas e linfadenopáticas. Sua distribuição é maior no segmento cefálico: cabeça, pescoço e parte superior do tronco. A coloração é marrom-arroxeada e, geralmente, é indolor, dependendo do tipo apresentado.

Não se sabe ao certo o que causa o sarcoma de Kaposi, contudo já foi detectado um vírus que pode ser o causador da doença. Alguns especialistas acreditam que essa enfermidade possa estar relacionada com um micróbio sexualmente transmissível.

6.2.3 Pneumonia por *Pneumocistis carinii* (PPC)

É um tipo raro de pneumonia, sendo extremamente perigosa se os sintomas iniciais de falta de ar não forem reconhecidos e o diagnóstico não ocorrer o mais breve possível. Mas, em geral, pode ser evitada.

Os sintomas principais são falta de ar, tosse seca e aumento elevado da temperatura, sendo que antes desses sinais geralmente ocorrem perda de peso e um mal-estar generalizado.

Em geral, a PPC ocorre quando o sistema imunológico está muito enfraquecido (contagem de T4 ou CD4 abaixo de 200). O diagnóstico pode ser feito através de Raios X, saturação de oxigênio, análise dos gases sangüíneos e exame de escarro.

A PPC pode causar inúmeras recaídas. Portanto, é fundamental que, caso o doente apresente essa infecção, passe a visitar com freqüência o médico.

6.2.4 MAC (*MYCOBACTERIUM AVIUM COMPLEX*)

É uma doença grave, causada por uma bactéria muito comum em portadores do HIV.

Os germes do MAC estão presente no ar, na água, na terra, nos alimentos e em muitos animais.

SINTOMAS:

- febre alta;
- perda de peso;
- diarréia;
- dor no estômago;
- cansaço;
- anemia;
- infecções no sangue;
- hepatite;
- lesões na pele.

6.2.5 Criptosporidiose

É uma doença do intestino, causada por um parasita, o *criptosporidium.* Essa doença raramente afeta pessoas com o organismo em condições normais.

Sintomas:

- diarréia aquosa por mais de quatro vezes durante 24 horas;
- perda de peso;
- dor no estômago;
- náuseas e vômitos;
- febre;
- cólicas.

Trata-se de uma doença muito contagiosa. A melhor forma de evitá-la é manter uma boa higiene e o hábito de lavar bem as mãos após ir ao banheiro.

Pode-se contrair a doença através da água, por esse motivo deve-se ferver e filtrar toda a água para consumo.

6.2.6 Microsporidiose

Também é uma doença causada por um parasita em portadores do HIV. O diagnóstico médico é difícil.

Sintomas:

- diarréias graves;
- coceiras constantes nos olhos;
- sensibilidade à luz.

6.2.7 Herpes

É um vírus muito comum. Costumam causar feridas no corpo.

Existem três grupos principais de herpes: herpes simples I (labial), herpes simples II (genital) e herpes Zoster.

- Herpes simples I — Produz bolhas nos lábios durante alguns dias ou até algumas semanas. Seus sintomas podem ser: febre, cansaço, gânglios inchados e dores nos músculos.
- Herpes simples II — Provoca ferimentos doloridos na região genital ou no ânus. Os sintomas são parecidos com os da gripe.
- Herpes Zoster — É causado pelo mesmo vírus da catapora. Provoca bolhas contendo um líquido em seu interior. Aparecem na pele, sendo muito dolorosas.

6.2.8 Tuberculose (TB)

Um terço da população em todo o mundo está infectada pela TB, apesar de nem todos desenvolverem a doença, isso porque em algumas pessoas o sistema imunológico consegue deter a manifestação da enfermidade. A tuberculose é responsável por mais mortes do que qualquer outra doença infecciosa, sendo a responsável pela maioria das mortes em pessoas contaminadas pelo HIV.

No Brasil, segundo o *Boletim DST/AIDS* de dezembro de 1997, a tuberculose acomete cem mil brasileiros e mata seis mil a cada ano.

Apesar desses dados alarmantes, a TB tem cura, pois seguindo o tratamento médico correto, que dura no mínimo seis meses sem interrupção, até as pessoas portadoras do HIV têm obtido êxito na solução dessa doença. Contudo, sem o tratamento, mais da metade das pessoas infectadas devem morrer em decorrência da doença.

As pessoas portadoras da TB passam a não contaminar outras pessoas após duas ou três semanas de uso do tratamento. Caso o doente esteja fazendo tratamento por mais de três semanas, não há mais perigo de contágio. Antes desse período, o doente deve utilizar máscara protetora. Além disso, deve-se descartar todo o material eliminado proveniente dos pulmões (escarro e secreções), de preferência no vaso sanitário e com a tampa fechada. Não se esqueça de utilizar também luvas e máscara protetora.

A tuberculose é causada pelo bacilo *mycobacterium tuberculosis* e, geralmente, afeta os pulmões, sendo que também existem casos de tuberculose extrapulmonar. A doença possui dois momentos distintos: a infecção, quando a pessoa entra em contato com o bacilo e, posteriormente, pode ocorrer a doença propriamente dita (tuberculose ou tuberculose ativa).

A tuberculose ativa pode ser suspeitada ou identificada em pacientes que apresentam o seguinte quadro clínico:

Adultos:

- tosse por mais de três semanas;
- sangue no escarro;
- dor no peito por mais de um mês;
- enfraquecimento e perda de peso.

Crianças:

- perda de peso sem um motivo óbvio;
- dois ou mais episódios de febre sem causa aparente;
- teste PPD[165] positivo.

A vacina BCG (bacilo *calmete gerim*) é utilizada com sucesso em crianças, imediatamente após o nascimento, com exceção de bebês com AIDS, pois pode causar disseminação da doença, ou quando o exame de escarro da mãe é positivo, na ocasião do parto, e em adultos com PPD zero ou baixo reativo. Essa vacina não impede a contaminação da TB, contudo impede o aparecimento dos tipos graves da doença.

6.2.8.1 O diagnóstico

- Exame de escarro (microscopia de esfregaço de escarro);
- cultura de bactérias;
- teste intradérmico de tuberculina (PPD);
- radiografia do tórax.

6.2.8.2 Efeitos colaterais dos medicamentos

Alguns medicamentos usados no tratamento da TB podem causar efeitos colaterais. Porém, o tratamento não deve ser interrompido quando os efeitos forem de pequena gravidade. São alguns deles:

- erupções na pele e coceira (reação à tiacetazona e outros medicamentos);
- choque e febre que podem ser causados pela rifampicina, pirazinamida e/ou estreptomicina;[166]
- hepatite (causa cor amarela no corpo e nos olhos devido à isoniazida, como também à rifampicina e à pirazinamida);
- distúrbios da visão que podem ser causados pelo etambutol (é importante informar ao médico;
- tonteira devido à estreptomicina;
- problemas articulares: dor, inchação, sensação de calor, geralmente causados pela pirazinamida;

- sintomas de gripe ou dor abdominal causados pela rifampicina;
- secreções do corpo de cor alaranjada ou avermelhada, tais como: urina e lágrima, causadas pela rifampicina.

O doente deve ser encaminhado urgentemente a um médico nos seguintes casos:

- icterícia (coloração amarelada no corpo);
- problemas cutâneos sérios;
- problemas ao urinar ou ausência de urina;
- choque (pulso acelerado, suor frio, pupilas pequenas, respiração lenta e queda de temperatura).

NOME	SIGLA	NOME COMERCIAL	EFEITOS COLATERAIS
Zidovudine	AZT	Retrovir®	Dor nas pernas, anemia, leucopenia
Didanosine	ddI	Videx®	Pancreatite, neuropatia
Zalcitabine	ddC	Hivid ®	Pancreatite, neuropatia, úlcera oral
Stavudine	d4T	Zeritavir®	Neuropatia, anemia
Lamivudine	3TC	Epivir®	Dor de cabeça, fadiga e anemia
Saquinavir	SQV	Invirase®	Diarréia, náusea, dor de cabeça
Indinavir	IDV	Crixivan®	Hepatite, pedra nos rins
Ritonavir	RTV	Norvir®	Náusea, dor de cabeça, dormência na boca

Medicações anti-retrovirais	**Reações Adversas**			
*************	Perda de apetite	Diarréia	Náuseas	Vômitos
Zidovudine/ AZT/ Retrovir®	*		*	
Didanosine/ ddI/ Videx®				
Lamivudine/3TC/ Epivir®		*	*	*
Saquinavir /SQV / Invirase®	*			
Zalcitabine / ddC /Hivid®	*		*	*
Stavudine (Estavudina) /d4T / Zeritavir®	*	*	*	*
Indinavir/IDV / Crixivan®	*	*		
Ritonavir / RTV / Norvir®		*	*	*
Neviparina / Viramune®			*	
Delavirdina / Descriptor®		*	*	

Medicamentos que devem ser tomados em jejum
Didanosine / ddI Azitomicina / Zitromax
Obs.: *Esses medicamentos devem ser tomados uma hora antes ou duas horas depois das refeições.*

Medicamentos cuja absorção será maior se ingeridos com alimentos ácidos
Dapsona Itraconazol Cetoconazol / Nizoral
Obs.: *Bebidas ácidas devem ser usadas; por exemplo, o suco de limão.*

MEDICAMENTOS CUJA INTOLERÂNCIA GASTRINTESTINAL SERÁ MENOR SE INGERIDOS COM ALIMENTOS
Metronidazol / Flagil Pirimetamina / Daraprin Clindamicina / Dalacin Eritromicina Dapsona Claritromicina / Klaricid

MEDICAMENTOS CUJA ABSORÇÃO SERÁ MAIOR SE INGERIDOS COM UMA REFEIÇÃO COMPLETA
Saquinavir / Invirase (*) Atovaquona (*) Ganciclovir / Cytovene
(*) Tomar com alimentos muito calóricos, preferencialmente gordurosos.

MEDICAMENTOS QUE NÃO DEVEM SER USADOS COM ANTIÁCIDOS OU SUPLEMENTOS DE VITAMINAS E MINERAIS
Ciprofloxacina / Cipro Dapsona Etabutanol Cetozol Nizoral Itraconazol (Itranax) Tetraciclina(*) Zitromax / Azitromicina diidratada
(*) Não deve ser tomado com leite.

MEDICAMENTOS QUE DEVEM SER INGERIDOS COM ÁGUA, UMA HORA ANTES OU DUAS HORAS DEPOIS DAS REFEIÇÕES PRINCIPAIS, PODENDO SER INGERIDOS COM ALIMENTOS POUCO CALÓRICOS: CHÁ, SUCO OU LEITE DESNATADO
Crixivan / Idinavir*
(*) Esse medicamento necessita de um maior consumo de líquidos (mais de um litro e meio por dia). **Obs.:** *Todos os dados obtidos acima foram transcritos do livro* Nutrição superpositiva.[167] *A automedicação pode ser perigosa. Não tome qualquer remédio sem indicação médica.*

6.2.9 Toxoplasmose

A toxoplasmose é uma doença freqüente em homens e animais (aves e mamíferos). É causada por um parasita, o protozoário *toxoplasma gondii*. Geralmente produz manifestações cerebrais, contudo pode atacar outras partes do corpo, inclusive os olhos. Existem bons tratamentos para a toxoplasmose, mas ela é uma doença muito perigosa e deve ser tratada muito rapidamente. Pode ocorrer em recém-nascidos. A maioria das pessoas que desenvolvem a toxoplasmose possuem poucas células de defesa em seu organismo (CD4 menor que 200 por mm).

A transmissão ocorre:

- através de contato com fezes de gatos infectados;
- pelo consumo de carnes, inclusive peixes, infectadas por cistos; ovos de galinha e leite contaminado por lambida de gato;
- através dos pratos e talheres mal lavados;
- por relações sexuais;
- através das mucosas: olhos, boca, narinas;
- pelo beijo, através da saliva;
- através do ar;
- por auto-infecção, quando o portador que era assintomático passa a expressar a doença.

Para evitar a toxoplasmose, deve-se cozinhar bem os alimentos, evitando ingeri-los crus. Pessoas não portadoras do HIV, que apresentam o sistema orgânico de defesa em boas condições, não correm risco de contrair a doença.

6.2.9.1 Sintomas

- Fraqueza ou adormecimento de um dos lados do corpo;
- mudanças de humor e personalidade;
- alterações na visão (visão dupla, sensibilidade acentuada à luz, ou perda total da visão);
- espasmos musculares (contrações involuntárias dos músculos);
- convulsões;
- dores de cabeça que não passam nem mesmo com medicamento analgésico.

A pessoa contaminada pelo toxoplasma precisa utilizar medicamentos contra a doença para o resto da vida. Isso ocorre devido ao fato de os medicamentos existentes não matarem o parasita. Nesse caso, eles o mantém apenas sob controle. Outras patologias serão citadas mais adiante.

6.2.9.2 Sintomas de alarme[168]

- Tosse, falta de ar, febre: possibilidade de PPC;
- perturbação visual: possibilidade de retinite por citomegalovírus;
- confusão, sonolência e febre: possibilidade de meningite ou toxoplasmose;
- dores de cabeça fortes e não habituais, ataques, perda de consciência: possibilidade de meningite ou toxoplasmose;
- dor ao engolir, agravada por líquidos quentes ou gelados: possibilidade de candidíase no esôfago;
- qualquer febre prolongada;

- diarréia constante;
- qualquer outro sintoma que o deixe preocupado.

6.3 Problemas típicos em mulheres com HIV/AIDS[169]

Em primeiro lugar, gostaria de informar que as mulheres apresentam alguns problemas típicos, não encontrados nos portadores do sexo masculino. Os primeiros sintomas de HIV na mulher podem estar relacionados a problemas ginecológicos. Vamos a alguns deles:

6.3.1 Problemas menstruais

As mulheres HIV positivo podem apresentar por um tempo ausência de menstruação, regras irregulares, mais pesadas, mais longas ou mais dolorosas. Além disso, existe o problema do aumento da síndromc pré-menstrual (SPM), piorando a inchação, a sensibilidade nos seios, o cansaço, as dores de cabeça e a mudança de humor, tais como: tensão, ansiedade e depressão.

Esses problemas menstruais podem causar ataques de candidíase e herpes e se apresentam mais severos devido à tensão, ansiedade, depressão, anemia por falta de ferro (ferropriva), perda de peso, ao estresse, e por efeito de alguns medicamentos. Um exemplo desse quadro clínico são as mulheres que usam AZT e/ou ddI. Elas percebem que suas regras são mais dolorosas e duram mais tempo.

As mulheres com ausência de regras por mais de três meses podem estar com baixo peso ou grávidas, com desequilíbrio hormonal ou, até mesmo, menopausa prematura. Os cuidados básicos, além da consulta médica, são:

- descanso e realização de exercícios leves;
- cortar o açúcar, sal e café, em casos de SPM;
- alimentar-se regularmente;
- usar óleo de prímula para melhorar a sensibilidade dos seios ou eczema;
- comer alimentos ricos em ferro, tais como o fígado, damasco e ovos cozidos, em casos de regras pesadas;
- evitar beber chá durante as refeições, pois essa substância reduz a absorção de ferro. Ele pode ser substituído pelo suco de laranja, que aumenta a absorção do ferro;
- deitar de costas e dobrar os joelhos até o peito; fazer exercícios leves, bem como evitar o fumo e o álcool em casos de dor pélvica ou regras dolorosas.

6.3.2 Candidíase vaginal

É causada pelo crescimento anormal de um fungo chamado *cândida albicans*, que é freqüente em mulheres e costuma não causar problemas, a não ser que cresça em demasia. Também ocorre na boca, na língua, na traquéia, no esôfago e nos pulmões. Os sintomas são irritação na vulva e na vagina, com ou sem corrimento aquoso encaroçado (semelhante à ricota).

Pode ser causado por relações sexuais, uso de tampões (O.B.®), antibióticos, gestação, diabetes e pela pílula anticoncepcional. Nesses casos, deve-se proceder aos seguintes cuidados básicos:

- procurar um médico;
- aplicar iogurte natural na região afetada. Ele contém bactérias chamadas *lactobacilus acidophilus* que, ao serem aplicadas na vagina, são benéficas;

- alimentar-se com bastante iogurte fresco;
- pôr sal na água de banho também é eficaz;
- empregar o alho como cremes locais. Essa prática tem se mostrado eficaz no tratamento;
- evitar passar sabão na vulva.[170] Recomenda-se o uso de cremes de base aquosa. Após a lavagem com água, enxugar o local, tomando o cuidado de não esfregá-lo;
- fazer uso de absorventes, e não de tampões, no período menstrual. Isso impede que a vagina fique ressecada e permite que o corrimento desça, dando à vagina a oportunidade de voltar ao normal;
- usar calcinhas de algodão, e não de náilon. É importante passá-las com ferro quente para matar o fungo;
- fazer uma dieta sem açúcar. Consumir alimentos como: arroz, macarrão, batata e outros legumes, a fim de repor as calorias e evitar a perda de peso.

Não se esqueça de que o parceiro da pessoa com candidíase deve também ser tratado para evitar a reinfecção.

6.3.3 Herpes

Os vírus HSV_1 (herpes oral) e HSV_2 (herpes genital) ou vírus herpes simplex são os causadores da herpes.

O HSV_1 provoca lesões em torno da boca, enquanto o HSV_2 causa várias bolhas dolorosas na região genital, em torno do ânus e das nádegas.

Os sintomas podem estar associados à febre, aos gânglios inflamados e ao cansaço semelhante ao da gripe. A ocorrência e a recorrência estão diretamente associadas à fricção, como por exemplo, no sexo, à exposição aos raios solares (ultravioleta) das 11 às 15 horas, ao uso de roupas apertadas, ao período menstrual, ao estresse e à queda nas defesas imunes.

O tempo de cada nova ocorrência dura cerca de dez dias. O herpes pode ser transmitido da mãe para o filho durante o parto. Vale lembrar que também nesses casos o parceiro da pessoa com herpes deve ser tratado. Observe abaixo os cuidados adicionais:

- usar violeta genciana no local ou uma solução à base de iodo como PVPI degermante (caso não seja alérgico), e aplicar sal na água dos banhos;
- aplicar óleo de vitamina E;
- utilizar alimentos ricos em lisina:[171] carne de frango, peixe, boi e carneiro, leite, queijo, levedura de cerveja, feijão e a maioria das frutas e verduras;
- evitar alimentos ricos em arginina,[172] tais como: chocolate, nozes, aveia, farinha de trigo, soja e germe de trigo;
- evitar as relações sexuais.

6.3.4 Doença pélvica inflamatória (DPI)

A DPI é causada principalmente por infecções sexualmente transmissíveis não tratadas, tais como: a gonorréia e a clamídia. Os sintomas são: cansaço, dor no baixo ventre e na região lombar; dor durante as relações sexuais, corrimento vaginal e temperatura elevada.

É necessário um tratamento médico imediato. Essa doença, apesar de possuir cura, pode causar sangramento entre os períodos menstruais, esterilidade, septicemia e até a morte, caso não seja tratada.

6.3.5 Papiloma vaginal

Esse problema surge na região genital (vagina) ou no ânus sob a forma de verrugas que podem ser encontradas sozinhas ou associadas a outras, assumindo o aspecto de uma pequena couve-flor de coloração acinzentada ou branca. Essas verrugas podem coçar ou ser dolorosas, caso estejam infeccionadas ou sangrando.

É fundamental que a pessoa procure o médico, pois em alguns casos o papiloma está relacionado ao aparecimento de câncer no colo do útero, além de outros tipos de câncer na região genital. Essas verrugas são muito contagiosas e podem se alastrar por todo órgão genital, bem como ânus e outros lugares. Vale destacar que o parceiro da pessoa com papiloma deve também ser tratado.

6.4 Cuidando de crianças com AIDS[173]

Infelizmente, uma em cada três crianças filhas de mães contaminadas tornam-se também soropositivas. No Brasil, as primeiras ocorrências de transmissão do HIV de mães portadoras para recém-nascidos, através do parto, foram no ano de 1985, em São Paulo.[174]

O período da gravidez em que o HIV infecta o feto é desconhecido, porém sabe-se que o risco de transmissão é maior no final da gestação e durante o parto, através da placenta, do contato com o sangue materno, das secreções do útero e da vagina.

Crianças podem ser contaminadas no período pós-parto, durante a amamentação, pelo leite materno ou sangue (feridas no bico do peito). Além disso, existem fatores que aumentam o risco de transmissão do HIV para o feto:

- mulheres com infecção recente pelo HIV possuem altos níveis de vírus circulante;
- mulheres infectadas há alguns anos também podem ter altos níveis de HIV circulante;
- mulheres com AIDS, ou seja, já manifestando os sintomas da doença;
- mulheres com problemas inflamatórios na placenta, com doenças sexualmente transmissíveis – DSTs (herpes genital, sífilis, gonorréia, tricomoníase, candidíase etc.) ou outras infecções causadas por outros vírus.

É importante dizer também que a gravidez é imunossupressora, isto é, ela diminui ainda mais as defesas orgânicas da mulher infectada pelo HIV. Os riscos num parto de mãe portadora do HIV para a criança são:

- aborto espontâneo;
- rotura prematura das membranas;
- retardo no crescimento do bebê no interior do útero;
- baixo peso ao nascer.

6.4.1 Cuidados especiais com filhos de mães portadoras do HIV

- Jamais afaste a criança do contato com outras pessoas e, principalmente, se possível, da mãe;
- caso a mãe esteja com AIDS (como acontece na maioria das vezes), ela não deve amamentar e nem permitir que outros amamentem, pois do contrário, a criança terá grandes riscos de contaminação pelo HIV;
- em casos como esses, procure um médico, a fim de que a criança receba outro tipo de alimentação.[175]

Durante os primeiros meses de vida, o bebê pode ter o teste positivo, pois recebeu anticorpos da mãe antes de nascer. Contudo, isso não significa que ele seja portador do vírus HIV. Até o primeiro ano, a criança deve fazer testes de três em três meses. Quando a criança completar dois anos de idade, o seu sistema imune estará maduro, e o teste ELISA poderá diagnosticar o HIV. As crianças contaminadas com HIV podem apresentar: pneumonias, diarréias, infecção de ouvido e de pele, podendo também ter dificuldades de ganhar peso e crescer. Todavia esses sintomas são comuns em outras crianças que não possuem o vírus HIV.

A criança com AIDS deve estar sempre em contato com outras crianças. As escolas devem aceitá-la e têm a obrigação de manter sigilo total sobre a doença, caso o responsável por ela assim o deseje. Tanto adultos como crianças têm os seus direitos legais garantidos, tais como: o passe livre, o auxílio-doença; a liberação do fundo de garantia e a isenção do imposto de renda.

6.5 Dicas de como viver com HIV de maneira mais saudável[176]

- Mantenha sua auto-estima. Estudos têm demonstrado que existe uma grande influência psicológica atuando no sistema imunológico das pessoas com AIDS, por isso ocupe seu tempo com atividades que possam trazer-lhe paz e alegria. Procure uma igreja, converse com pessoas e faça exercícios leves. Evite ao máximo preocupações e limite seu ritmo de trabalho, se possível;
- repouse. Tente descansar o quanto puder, diminua o nível de estresse. Um dia de folga ou um passeio podem ser muito bons;

- pare de fumar. Se você fuma, tente parar. Procure pessoas que possam ajudá-lo a vencer esse vício, pois os fumantes precisam de 40% a mais de vitamina C que os não fumantes. Os fumantes HIV têm maior chance de adquirir pneumonia por *pneumocistis carinii* (PPC). Além desses malefícios, o cigarro aumenta os riscos de câncer;
- pare de beber. O álcool aumenta a necessidade de certos nutrientes no organismo, tais como a vitamina B e C, que são importantíssimas para o doente HIV. Não faça do álcool uma fuga para o seu problema, você não está morto! Existe esperança em Jesus;
- tenha uma dieta balanceada. Os nutrientes são substâncias utilizadas pelo organismo para produzir energia, efetivar o crescimento e os movimentos do corpo. Atuam também no desenvolvimento e na reparação dos tecidos, bem como na proteção contra as infecções. Portanto, uma alimentação balanceada fornece todos os nutrientes que o nosso corpo necessita. A refeição ideal deve incluir alimentos energéticos: melado, açúcar, rapadura, massas, arroz, milho, aipim, inhame, farelos, óleo, batata e beterraba; alimentos construtores: carnes vermelhas, peixe, frango, sementes, feijão, leite, queijo, ovos, iogurte; e alimentos reguladores: frutas, verduras, legumes, folhas verde-escuras, legumes de cor alaranjada, tais como cenoura, abóbora, mamão etc.;
- alimente-se de maneira saudável e procure um nutricionista. O serviço de nutrição é gratuito nos estabelecimentos públicos de saúde. Lembre-se de que a dieta deve ser sempre variada e com um número suficiente de calorias para as funções vitais diárias;

- evite alimentos altamente industrializados. Aqueles que contenham muita gordura, açúcar, sal e aditivos químicos com pouco valor nutricional;
- tente ingerir frutas frescas. Grãos integrais, feijões, brotos de leguminosas, frango e peixe;
- beba também bastante líquido. Porém reduza o café, o chá e os refrigerantes;
- mantenha uma boa higiene. Ferva a água antes de beber, coma alimentos bem cozidos e lave as mãos depois de manusear animais e objetos.

6.6 A alimentação na AIDS[177]

A nutrição balanceada é de suma importância para as vítimas da AIDS, visto que o funcionamento do seu sistema imunológico pode ser afetado pela má alimentação.

É fundamental possuir reservas de energia para combater infecções como a tuberculose, que consome boa parte da energia do corpo, ou como a diarréia e vômitos, que resultam em perda de nutrientes. É bom lembrar que o estresse emocional e algumas infecções causam a redução do apetite.

Para compreendermos bem o problema da alimentação na AIDS, devemos em primeiro lugar definir os grupos de infecção ou níveis de infecção pelo HIV de acordo com o CDC.

Classificação do grupo	Características de sintomas específicos de cada grupo
Grupo I	**Infecção aguda pelo HIV**
Grupo II	**Infecção assintomática pelo HIV**
Grupo III	**Linfadenopatia generalizada persistente** (ínguas generalizadas que não diminuem com o passar do tempo)

Grupo IV	Outras doenças causadas pelo HIV:
	a) Sintomas constitucionais: febre, perda de peso ou diarréia há mais de um mês; b) Doença neurológica: demência, mielopatia e neuropatia periférica; c) Doenças infecciosas secundárias; d) Neoplasias secundárias (câncer); d) Outras condições associadas à infecção pelo HIV.

As complicações nutricionais referentes à alimentação são quase inexistentes em soropositivos nos casos dos grupos I e II. À medida que a doença evolui para os grupos III e IV, há tendências para o emagrecimento e para a desnutrição, podendo chegar a fases avançadas, ou seja, a uma perda de 30 a 40% do peso.

O paciente, em termos gerais, perde peso por reduzir a ingestão alimentar e pela dificuldade do organismo em absorver os alimentos, dando origem às diarréias, e/ou pelo aumento das necessidades nutricionais do corpo.

"A diminuição do apetite é considerada um dos principais problemas dentre as alterações orgânicas do aidético" (CARVALHO, 1992).

6.6.1 O que leva a reduzir a alimentação

- Anorexia, náuseas e vômitos — podem ser causados por remédios ou por patologias que o doente esteja sentindo, além do estresse;
- dificuldade para se alimentar (disfagia) — ocorre quando o doente apresenta lesões na boca e/ou no tubo digestivo que dificultam a ingestão de alimentos. Tais lesões são geralmente dolorosas. Elas causam inflamação e feridas que provocam a obstrução da passagem dos alimentos,

tornando difícil a mastigação e a deglutição devido ao surgimento da estomatite ou esofagite causadas pela *cândida albicans*, pelo citomegalovírus, pela herpes simples, pelo sarcoma de Kaposi etc.;

- problemas neurológicos — podem resultar em tremores, falta de coordenação motora, convulsões, dificuldades de se alimentar (disfagia), indiferença (apatia), irritabilidade, confusão, demência e até o coma;
- problemas respiratórios — muitas pessoas com AIDS contraem pneumonias ou adquirem outras dificuldades respiratórias. Isso requer por vezes o uso de máscaras de oxigênio, o que desestimula e dificulta a alimentação.

6.6.2 Má absorção

A má absorção pode ocorrer pelos seguintes fatores:

- problemas intestinais — como por exemplo, infecções e parasitismos. O *enterobios vermicularis*, causador da enterobíase, é um tipo de parasita que destrói a parte do intestino responsável pela absorção dos alimentos, provocando a síndrome da má absorção, que causa grave diarréia e cujo tratamento é difícil. Ainda existem outras complicações: mudança na forma do intestino e no aparelho digestivo etc.;
- outras causas de diarréia — antibióticos e outros medicamentos, estresse, excesso de vitaminas e dietas mal preparadas;
- redução da albumina[178] — ocorre no plasma sangüíneo.

6.6.3 Aumento das necessidades alimentares

Algumas transformações que ocorrem no organismo do paciente com AIDS exigem que ele gaste mais energia (20 a

40% a mais). Portanto, ele precisará ingerir uma maior quantidade de alimentos, em especial os protéicos, como a carne vermelha e branca e os ovos; mas também daquelas substâncias calóricas que são os alimentos ricos em açúcar, tais como a beterraba. Além disso, é de suma importância que se procure um nutricionista ou um médico especialista, a fim de que seja preparada uma dieta ideal para o doente.

Deve haver um controle sobre a desnutrição. O paciente com AIDS pode apresentar deficiência de vitaminas do complexo B, vitamina C, cobre, zinco, selênio e ferro, mas esses elementos só deverão ser usados sob prescrição médica, visto que podem causar intoxicações graves, inclusive levar o doente à morte, se forem usadas abusivamente.

Perda de peso em relação ao tempo	Grau de Desnutrição		
	LEVE	MODERADA*	GRAVE*
	Menos que 5% ao mês, ou	Menos que 1% por semana, ou	Mais que 2% por semana, ou
	Menos que 7,5% ao mês, ou	Mais que 5% por mês, ou	Mais que 20% em seis meses.
	Menos de 10% ao mês.	Mais que 10% em seis meses.	

* Nesses casos, deve-se procurar com urgência atendimento médico.

6.7 Cuidados gerais

Em casos de:

6.7.1 Náuseas e vômitos

Náuseas e vômitos podem ser controlados por medicação prescrita pelo médico. Os medicamentos usados contra o vômito (anti-heméticos) devem ser utilizados segundo critério médico. Seu uso indiscriminado pode causar: constipação, diarréia, torpor, diminuição dos movimentos, vertigens etc. Vejamos mais alguns cuidados:

- ofereça quantidades maiores de alimento quando o doente não estiver apresentando náuseas e vômitos;
- evite, durante os episódios de náuseas, oferecer os alimentos preferidos do doente, para que ele não crie aversão ao seu paladar;
- prefira alimentos frios aos quentes;
- evite alimentos gordurosos ou muito doces, dando preferência aos alimentos mais suaves;
- fracione as refeições em porções menores;
- mantenha o doente fora da cozinha, enquanto os alimentos estão sendo preparados. Ele deve comer em área bem arejada, pois o cheiro do alimento pode aumentar a sensação de náusea.

Em caso de vômitos constantes, procure um médico com urgência.

6.7.2 Dificuldades de mastigação

- Utilize dietas líquidas (suco, mingau, sopa, gelatina), ou batidas no liqüidificador, ou mesmo alimentos como o leite (contra-indicado em caso de diarréia);
- evite alimentos muito condimentados e apimentados, assim como excesso de sal e alimentos ácidos, em caso de candidíase ou outros ferimentos na boca;
- não acrescente muita água aos alimentos. Esse procedimento é importante.

6.8 Segurança bacteriológica dos alimentos

- Evite alimentos crus, tais como carne mal passada, ovos crus e sushis;
- descongele carnes na geladeira ou no forno, nunca à temperatura ambiente;
- lave as frutas e vegetais cuidadosamente;
- use apenas leite pasteurizado;
- evite que os alimentos perecíveis permaneçam à temperatura ambiente por mais de duas horas;
- leve os alimentos perecíveis à geladeira assim que forem comprados. Os alimentos embalados a vácuo, após a abertura da embalagem, devem ser guardados em frascos fechados;
- evite alimentos mofados (por exemplo, queijo Roquefort);
- nunca ingira alimentos com a data de validade vencida;
- lave sempre as mãos antes de manipular os alimentos.

Em casos de falta de apetite, é importante que o doente se alimente assim mesmo, ainda que em pequenas quantidades e várias vezes ao dia. É recomendável que se ofereça alimentos que o doente aprecie.

Algumas pessoas gostam de tomar suplementos alimentares especiais, ricos em energia e vitaminas, mas esses são caros e só devem ser usados sob orientação de um nutricionista, pois muitas vezes são desnecessários.[179]

6.9 Os perigos da automedicação[180]

Todos os medicamentos foram criados para devolver a saúde e garantir o bem-estar dos que deles se utilizam. Mas se o medicamento que você usar não for o mais adequado para combater a doença que o seu organismo apresenta, ao invés de melhorar, ele pode piorar sobremaneira a sua saúde.

Qualquer medicamento que você toma altera o funcionamento do seu organismo. Se o medicamento é tomado com receita e orientação médica, o funcionamento muda para melhor, pois o médico sabe como tratar a sua doença. Quando você toma o medicamento por conta própria ou por influência de amigos e parentes, o risco é grande: seu organismo pode reagir ao remédio e piorar. Em alguns casos, a pessoa que tomou o medicamento errado pode até morrer intoxicada. Portanto, é importante saber como tomar corretamente os medicamentos. Se não houver médico no local onde você mora, peça orientação a um farmacêutico diplomado, que nem sempre é aquela pessoa que está no balcão da farmácia. Não confunda o farmacêutico com o balconista. Preste atenção nos medicamentos:

- verifique, na embalagem, se o medicamento não está vencido — observe a data de fabricação e o prazo de validade;
- o medicamento sem o registro da DIMED, órgão do Ministério da Saúde, não está autorizado para a venda;
- se o medicamento não tiver esses dados, não compre (Campanha Contra Automedicação).[181]

Antes de se medicar, procure um médico. É o melhor remédio.

Capítulo 7

EVANGELIZANDO SEM RISCOS

Mas tu sê sóbrio[182] *em tudo, sofre as aflições, faze a obra de um evangelista, cumpre o teu ministério.*
2 Timóteo 4.5

Não queremos de forma alguma passar uma receita de como devemos visitar pessoas com AIDS, mas apenas trazer algumas dicas que, sem dúvida, trarão mais segurança ao enfermo e ao visitador:

- nunca visite doentes HIV positivo estando resfriado, gripado ou com alguma doença contagiosa;
- não se assente no leito do doente, mesmo que seja convidado a fazê-lo;
- evite aproximar-se de doentes que estejam tossindo, pois podem estar tuberculosos e

quimio-resistentes, ou seja, as drogas que combatem a tuberculose podem não mais estar fazendo efeito. Em casos desse tipo, use máscaras, mantenha distância de um metro, conserve o ambiente arejado e com entrada para raios solares, os quais destroem grande parte dos bacilos no ar. Ao entrar numa enfermaria para visitar os doentes, é importante procurar saber com os profissionais de saúde se há algum leito onde sejam necessárias precauções, tal como o uso de máscaras ou luvas de borracha;

- não interrompa o doente se observar que está com visitas, exceto se for convidado;
- evite qualquer aparência de nojo ou tristeza ao se deparar com doentes graves ou evacuados, pois isso é deveras entristecedor para a pessoa;
- não ofereça a mão para cumprimento, a menos que o ato parta do enfermo;
- nunca manuseie qualquer material com sangue ou secreções, caso você tenha cortes nas mãos (geralmente são invisíveis a olho nu);
- obedeça aos horários preestabelecidos pela instituição hospitalar;
- nunca ofereça alimentos ao doente (mesmo que este lhe peça), pois podem prejudicá-lo. Ao contrário, comunique ao pessoal da enfermagem o desejo do paciente;
- jamais toque em qualquer tubo, aparelho, seringa ou agulha, enfim, em nada relativo aos cuidados hospitalares. Em caso de emergência, chame os enfermeiros ou auxiliares de enfermagem;
- não obrigue o doente a ouvir você. Caso se recuse a escutá-lo, nunca insista. Se possível, volte outro dia;

- seja prudente ao visitar pacientes homossexuais. Selecione, para acompanhá-lo, pessoas do sexo oposto ou casais, mantendo sempre a postura cristã;
- nunca evangelize homossexuais caso você possua algum sentimento de desprezo ou não sinta amor por eles. Peça a Deus para ajudá-lo a amar sem discriminação;
- jamais ore em tom alto;
- dê atenção a um só doente de cada vez;
- nunca demore durante a visita, nem estresse o doente, obrigando-o a se mover ou a fazer qualquer atividade que requeira esforço ou concentração;
- lave bem as mãos antes de entrar no hospital, para evitar a infecção cruzada (de um doente para o outro);
- não discuta religião;
- detenha-se no motivo pelo qual foi visitá-lo, evitando assuntos que não irão edificar o doente;
- apresente-se sempre, identificando o nome da igreja pela qual você está realizando a visita (se possível, utilize um crachá de identificação);
- nunca forneça o endereço de sua residência. Conceda-lhe, se necessário, o endereço da igreja onde você congrega;
- nunca teça comentários sobre qualquer doente dentro do hospital;
- ore junto a ele sempre que possível, caso aceite a oração, mesmo que o doente não receba Jesus;
- se ocorrer algum acidente nos olhos, lave com água corrente em abundância e comunique ao médico ou enfermeiro imediatamente;
- lave bem as mãos e proceda à limpeza com água oxigenada ou álcool iodado, caso haja contato com sangue;

- utilize sempre roupas discretas, que não moldem, mostrem ou insinuem qualquer parte do corpo que possa provocar sexualmente os doentes;
- evite o uso de perfumes e desodorantes fortes, pois causam náuseas em alguns doentes;
- anote nome e endereço do paciente, quando possível, para contato posterior, principalmente com a família, através de cartas;
- seja discreto. A discrição é uma grande arma do povo de Deus;
- evite evangelizar doentes já evangelizados por outros cristãos no mesmo dia, a menos que estes desejem. As visitas acabam sendo cansativas para os pacientes. Alguns são evangelizados mais de dez vezes num só dia;
- nunca permita que menores visitem hospitais sem prévia autorização por escrito dos pais. A meu ver, tal procedimento não é prudente;
- nunca permita visitas sem que o visitante tenha tomado todas as vacinas de infância. Sugiro que procure o posto de saúde para fazer o teste PPD e, caso seja necessário, tome a vacina BCG;
- jamais autorize que alguém visite hospitais sem comunicar ao responsável;
- ore sempre, antes, durante e depois da visita;
- evite orações longas. Prefira orar com os olhos semi-abertos, para se precaver de qualquer reação do doente: mal-estar, agressividade etc.;
- leia a Bíblia diariamente;
- pergunte, sempre que possível, se o doente deseja que seja enviada carta para algum parente;

- procure resolver, se possível, problemas do tipo: falta de remédios ou roupas;
- nunca prometa nada! Após detectar o problema, tente solucioná-lo sem fazer promessas;
- nunca realize "cultos" na enfermaria em que o doente está internado.[183] Deve-se evitar grupos (mais de dois visitantes), pois apesar de parecer que quanto mais pessoas estiverem presentes, mais o doente sentir-se-á amado, essa situação pode constranger o paciente e impedir que desabafe seus traumas e dores;
- lembre-se sempre de que o nosso maior papel é prestar consolo e amparo ao doente. Quem irá convencê-lo dos pecados é o Espírito Santo. Nosso papel é mostrar o amor de Deus, e não buscar números para relatórios;
- procure não exigir ou forçá-lo a falar. Comunique-se através de frases que não exijam respostas orais. O paciente HIV apresenta freqüentemente distúrbios de linguagem que incluem a perda da fala (afasia), diminuição da complexidade da estrutura de orações e uma resposta verbal mais lenta. Caso o doente não esteja conseguindo se comunicar, isso significa que ele pode perder a capacidade de articular palavras — embora as compreenda —, não conseguir montar frases complexas do tipo: "Eu gostaria de receber Cristo como Salvador!", e poderá até responder oralmente, mas com maior vagarosidade que o normal. Nesse caso, você poderá exercitar a linguagem não verbal com base em respostas simples como "sim" ou "não" que podem, havendo impossibilidade total da fala, ser respondidas pelo doente através de sinais, como o piscar de olhos;
- mostre interesse ao paciente, mas sem exagerar, evitando sufocá-lo;

- procure sempre discipular a pessoa, mesmo após sua decisão por Cristo;
- escute o paciente atenciosamente, aceitando suas dúvidas e tensões;
- não se prenda a métodos prontos de como visitar (por exemplo: chegar, ler a Bíblia, orar e sair). Devemos nos adaptar às necessidades do doente;
- não faça muitas perguntas como se fosse preencher um questionário. Não devemos provocar o paciente e forçá-lo a dizer o que queremos ouvir;[184]
- não faça visitas caso esteja passando por problemas de ordem psicológica ou de saúde, pois o doente percebe com facilidade expressões de desânimo, cansaço e tristeza;
- evite qualquer comentário fora do consolo da Palavra de Deus. O último sentido perdido pelo doente antes da morte ou do coma profundo é a audição. Existem relatos de pessoas que entraram em coma, sendo até mesmo desenganadas, e ouviram, durante esse período, conversas e afirmações terrivelmente marcantes por parte de visitadores e profissionais de saúde. Conscientize-se de que ainda há chance de arrependimento, pois o doente pode estar ouvindo sua palavra e vir a se arrepender dos seus pecados e receber Jesus como Salvador.

7.1 Características de um evangelista em hospitais

- ser um cristão convicto, tendo perfeita comunhão com sua igreja (2 Tm 1.12);

- ter amor pelos que sofrem em hospitais (1 Jo 4.18);
- ser vocacionado e chamado pelo Espírito de Deus (2 Tm 1.9);
- ser um leitor da Bíblia (Sl 119.97);
- ser discreto em todos os aspectos (Pv 14.16; 8.12);
- ser moderado em seus atos, evitando risos ou comentários (Pv 19.11; Tt 3.1-3; Fp 4.5; 1 Tm 3.2,3);
- ser paciente e dócil (2 Co 6.4; 1 Tm 6.11): "O sábio de coração é chamado prudente, e a doçura dos lábios promove o ensino" (Pv 16.21, EC);
- ser firme e ter boa postura cristã (At 14.22);
- ser uma pessoa de oração (At 6.4);
- evitar vaidades e extravagâncias (2 Pe 2.18);
- ser constante na obra de Deus, evitando faltar ou se atrasar aos compromissos (1 Tm 4.12);
- ser obediente aos líderes (Hb 13.17);
- saber escutar e falar nos momentos certos (Pv 18.13; Jó 31.35);
- ser humilde (1 Pe 5.5);
- ser perseverante (1 Tm 4.16);
- ter cuidado com a higiene pessoal (Ec 9.8). Os cuidados com o corpo são fundamentais para aqueles que visitam hospitais. A quantidade de microorganismos causadores de doenças com os quais entramos em contato é muito grande, e, se não estivermos com a nossa saúde em bom estado, correremos o sério risco de nos contaminar com algumas doenças. Segundo Kessler,[185] devemos, como ministros do Evangelho, manter cuidados com o nosso corpo, tais como: respirar ar puro, manter boa alimentação e conservar a limpeza. "A ética do banho diário é essencial à limpeza e ao bom funcionamento do corpo". Além disso,

a prática de exercícios físicos regulares, como caminhar três vezes por semana durante trinta minutos, diminui os riscos de problemas cardíacos;

- ter algum tempo para o descanso e cultivar boas horas de sono. O ideal é que se acorde satisfeito;
- ser comunicativo (Mc 1.38; At 4.19,20).

Creio que não existem "supercrentes", mas homens e mulheres que, embora pecadores, procuram estar cada vez mais perto de Deus, doando-se aos outros, ou seja, buscando ser útil. Não é fácil! Aliás, ser cristão não é nada fácil. A cada momento que nos aproximamos de Deus, vemos que precisamos melhorar ainda mais. Como disse Bill Burkett:

> Quando Jesus tomou a cruz, deixou de pertencer a si mesmo e passou a pertencer aos outros, por isso, carregar a cruz significa deixar de viver para si e passar a viver para o próximo... É esse o significado do convite de Jesus: "Se alguém quiser vir após mim, renuncie-se a si mesmo, tome sobre si a sua cruz e siga-me".

Irmão, saiba que Deus nos capacita em todas essas coisas!

7.2 Passos para uma ação pastoral junto a portadores da AIDS [186]

- Traçar um objetivo: saber definir as fases, os traumas e as crises, sabendo sempre que há momentos de interagir e momentos de apenas estar próximo. O objetivo principal deve ser o de levar a pessoa a ter um relacionamento pessoal com Cristo de modo completo, verdadeiro e duradouro;
- estabelecer uma postura ativa. Geralmente o doente mantém uma atitude passiva em relação ao tratamento a que

está sendo submetido. Em parte, isso pode ser prejudicial, à medida que a desinformação pode gerar o desinteresse e conseqüentemente provocar a ignorância total sobre a doença. É fundamental levar o doente a se interessar pelo seu tratamento, fazendo-o conhecer os meios de manter uma boa qualidade de vida: alimentar-se melhor, diminuir o estresse, participar de grupos de ajuda mútua, entre outros exemplos;

- não superproteger. Deixe que o doente realize todas as tarefas que seu estado físico permitir. É importante que, na medida do possível, ele realize os afazeres necessários para sua auto-suficiência. Ajudar pacientes que podem fazer alguma coisa por si mesmos "não é ajudar, mas atrapalhar". A dependência deve ser evitada ao máximo, restringindo-se apenas a tarefas que o doente realmente esteja impossibilitado de realizar;
- ajudar os doentes a melhorar ou transformar seus estilos de vida: práticas criativas como artesanato, estudos bíblicos, jogos, respeitando sempre a condição do doente, são de grande importância para a diminuição do estresse;
- encorajar o paciente a falar. Isso não significa forçá-lo, mas apenas aproveitar esses momentos para estimulá-lo a estabelecer diálogos abertos e sinceros sobre suas dúvidas ou seus assuntos prediletos;
- evitar assuntos relativos à doença ou à morte, caso o doente entre no assunto. Tenha sensibilidade;
- aceitar a negação da doença. A negação é um "pára-choque" que reduz o estresse e a depressão, mantendo, mesmo que aparentemente, o paciente mais feliz;

- encorajar a participação em grupos cristãos;
- estabelecer confiança, consistência e continuidade. O acompanhamento pastoral deve ser forjado em um relacionamento confiante, consistente e contínuo, ou seja, devemos tentar conquistar a confiança, ser amigos, estar presentes de modo assíduo, não abandonando o doente. É importante também estar disponível e afastar-se quando for necessário;
- desenvolver uma relação pastoral com o passar do tempo. Toda relação de confiança leva tempo para ser estabelecida. Seja paciente com você e com o doente;
- aceitar sua própria humanidade e imperfeição. Essa atitude é muito importante para quem lida com pacientes terminais. É natural ao ser humano sentir-se debilitado, impotente e às vezes até deprimido. Procure um conselheiro idôneo para desabafar em seus momentos de crise. Permita a si mesmo um tempo para descanso junto de sua família ou amigos, longe dessa realidade, em um lugar de repouso. Faça isso de tempos em tempos. Esse procedimento diminuirá a tendência de deprimir-se. Lembre-se de que só quem se ajuda pode ajudar os outros.

7.3 Fases do paciente moribundo

As questões ligadas à morte são múltiplas e variadas. Os pacientes estão lidando com sua própria dor em relação ao diagnóstico, à deformação, às decisões de tratamento e à aceitação de uma doença terminal. Muitos perderam mais de 25 amigos com AIDS e ainda não desenvolveram mecanismos para lidar de modo eficiente com essas questões. Outros amigos, geralmente, estão na mesma situação, lidando não somente com múltiplas perdas mas também com seu próprio diagnóstico ou medo do diagnóstico.[187]

Gostaria de tecer alguns comentários sobre o comportamento típico dos pacientes próximos da morte física. Segundo Kübler-Ross, o doente moribundo passa por cinco níveis ou fases. Vale a pena ressaltar que nem sempre o doente passa por todos os níveis. A seqüência das fases pode também não ser igual para todos, pois varia de pessoa para pessoa de acordo com a sua constituição física e emocional.

Uma em cada três pessoas contaminadas com o vírus da AIDS irão apresentar em alguma fase da doença uma síndrome clínica patológica denominada síndrome da encefalite subaguda. Essas pessoas apresentam determinados sintomas, tais como: letargia, confusão, agitação, perda de consciência, retraimento social, coma, neuropatia periférica e demência[188] progressiva. A demência, sem dúvida, irá diferir das demais doenças terminais, podendo com isso mudar completamente as características evolutivas da doença.

7.3.1 Primeira fase: negação

É o pára-choque diante de notícias inesperadas e chocantes: "Não, não comigo!" Nesse período, é muito comum o doente trocar de médico, achar que houve erro em seus exames, fazer planos para o futuro e tentar freqüentemente esquecer os problemas, usando de subterfúgios como álcool e drogas. Esse estágio pode durar até a morte, ou o indivíduo poderá evoluir para a próxima etapa. Poderá ainda ocorrer de o paciente negar a doença apenas na presença de seus familiares, com a intenção de poupá-los.

Comumente, a negação é uma defesa temporária, sendo logo substituída por uma aceitação parcial.[189]

Essa reação é benéfica até certo ponto, visto que diminui a tristeza da notícia. Por outro lado, à medida que o doente não aceita o plano terapêutico que deverá ser implementado, persistindo nesse estado de negação e fuga da realidade, poderá prejudicar o tratamento. Nessa fase é muito comum ouvir: "Graças a Deus, é só um probleminha e logo irá passar!"

É contra-indicado opor-se ao doente. Deve-se gradativamente levá-lo a acostumar-se com a realidade dos fatos, pois por vezes não está nem um pouco preparado para aceitá-la.

Em nenhuma hipótese devemos evitar essas pessoas. É claro que para isso devemos saber lidar com a nossa própria mortalidade e de certa forma encará-la de maneira natural, ou seja, como o término de um ciclo vital na terra. Quanto às visitas a essas pessoas:

> Não existe melhor lugar para aprender. Ficando lado a lado, ouvindo, retornando mais vezes, mesmo que o paciente não tenha vontade de falar no primeiro ou no segundo encontro, logo se desenvolve um sentimento de confiança pelo fato de se encontrar ali alguém solícito, disponível e assíduo.[190]

7.3.2 Segunda fase: raiva ou ira

"Por que o que eu temia me veio, e o que receava me aconteceu?" (Jó 3.25).

Quando não mais se consegue manter a negação, pois os sintomas já estão aflorados ou o doente já está bastante debilitado, essa fase é então substituída pela expressão máxima da cólera: "Por que aconteceu comigo?"

> Muitos pacientes com AIDS formulam questões como: Por que isto aconteceu comigo? Por que Deus está me punindo? O que vai acontecer comigo quando eu morrer?[191]

Todas as pessoas ao seu redor, sem exceção, são vistas como culpadas pelos seus problemas ou são tidas como irresponsáveis. A raiva se propaga em todas as direções, ainda que não haja razão plausível para tal. Nesse estágio, o doente sente inveja das pessoas saudáveis ou com doenças mais simples, pois estas permanecerão vivas e terão a oportunidade de realizar todos os planos que ele jamais poderá.

É freqüente o soropositivo receber de maneira hostil os visitantes, inclusive os evangélicos.

> Quando as pessoas se deparam com suas cordas rompidas, não são nem racionais, nem claras, nem tão pouco amáveis. Alguém necessita dar-lhes liberdade para extravasar sua hostilidade.[192]

Deve-se ter a sensibilidade para discernir o exato momento para atuar. Essas atitudes hostis não são dirigidas apenas aos visitantes, mas também aos próprios familiares, os quais são recebidos com pouco entusiasmo e sem expectativa. Na maioria das vezes, essas reações afastam esses familiares e geram mais raiva no doente, que se sente desprezado. Nessa fase, a pessoa pode também regredir para a negação. Evite agressões ou críticas de qualquer natureza:

> O paciente tem medo de estar morrendo, não de você.[193]

Essa é a hora de se colocar no lugar do doente, pois muitos fatores estão em jogo: atividades da vida interrompidas prematuramente, medicamentos que possuem efeitos colaterais terríveis, dores constantes, incompreensão da família, medo da morte, sonhos e planos frustrados, equipe de saúde incompreensiva e muitas vezes agressiva, falta de esperanças, custo excessivo do tratamento, impossibilidade de manter o sustento de possíveis dependentes, dependência de terceiros — até de estranhos —, falta de medicamentos, exames desagradáveis e rotineiros, entre outros.

> Um paciente que é respeitado e compreendido, a quem são dispensados tempo e atenção, talvez como um último brado logo baixará a voz e diminuirá suas exigências... será um prazer visitá-lo e não uma obrigação necessária.[194] Temos que aprender a ouvir nossos pacientes e até, às vezes, suportar uma raiva irracional, sabendo que o alívio proveniente do fato de tê-la externado contribuirá para melhor aceitar as horas finais. Só poderemos fazer isso quando tivermos enfrentado o [nosso próprio][195] medo da morte, os nossos desejos de destruição, e nos tivermos compenetrados de nossas próprias defesas, que podem interferir nos cuidados com o paciente.[196]

Isso significa que para obtermos êxito no contato com tais pacientes devemos vencer nosso próprio medo da morte, que está em nosso subconsciente. Afinal, cremos na ressurreição dos mortos em Cristo Jesus. Devemos também exercer o domínio próprio, evitando conversar no mesmo tom de um doente agressor.

> Há momentos na vida, especialmente diante de uma provação ou grande dor, quando o silêncio se torna o sinal mais profundo de respeito, o gesto mais humano e cristão de presença. Este silêncio não perturba, mas

> conforta; as palavras soariam fáceis e contribuiriam somente a intensificar a ferida, enquanto o silêncio fala de humanidade e de pobreza. Uma pobreza que cria solidariedade entre quem é atingido pelo sofrimento e quem aceita estar presente e estar perto.[197]

Que Deus nos ajude!

7.3.3 Terceira fase: barganha ou negociação

"Quem dera que se cumprisse o meu desejo, e que Deus me desse o que espero!" (Jó 6.8).

A barganha é o momento em que o doente está mais receptivo à Palavra de Deus, e não só a essa Palavra, mas a qualquer outra. Já ouvi muitas pessoas nessa fase dizerem que aceitam qualquer coisa que alivie sua dor. Essa é a fase das promessas, dos votos e conversões. O doente procura fazer acordos com Deus, pois percebe que a raiva não pode ajudá-lo, desejando entre outras coisas a cura, o prolongamento da vida, a diminuição das dores ou uma morte sem dores: "Entrarei em tua casa com holocaustos,[198] pagar-te-ei os meus votos, que haviam pronunciado os meus lábios, e dissera a minha boca, quando eu estava na angústia" (Sl 66.13,14). Devemos ter o cuidado de não prometer nada, a não ser a salvação, mediante a fé em Cristo Jesus: "E esta é a promessa que ele nos fez: a vida eterna" (1 Jo 2.25).

7.3.4 Quarta fase: depressão

"Qual é a minha força, para que eu espere? Ou qual é o meu fim, para que prolongue a minha vida?" (Jó 6.11).

Essa fase é muito difícil, pois o doente está desacreditado e não encontra forças para continuar. Ele reconhece a proximidade da morte, dorme muito e chora freqüentemente. Não devemos constrangê-lo para tentar agradá-lo, pois o doente está prestes a perder tudo o que ama. Devemos tentar ouvir suas queixas, deixar que ele descarregue suas frustrações, seu pesar. Desse modo, poderá aceitar mais facilmente sua situação.

Nesses períodos de crise é oportuno adotarmos um método conhecido como a pastoral do silêncio, que foi muito bem definida por Ademar Rover:

> Talvez nada tenha mudado tanto na vida do homem de hoje quanto a perda do silêncio. Vivemos num mundo invadido pelo barulho: o silêncio não mora mais em casa, está no exílio. Com a perda desse espaço vital, é difícil nos encontrarmos conosco mesmos, com o próximo e com Deus. Também na pastoral é importante esse espaço: as palavras do agente ganham força e autenticidade a partir do silêncio em que estão imersas.[199]
>
> Jesus soube silenciar-se, quando isso se tornou necessário em seu ministério. Ele se calou praticamente por trinta anos, dedicando apenas três para a palavra! O silêncio fez parte de alguns de seus encontros mais significativos: com a samaritana (Jo 4.7-30); com a mulher apanhada em adultério (Jo 8.1-11). O silêncio fez parte também de seus momentos mais difíceis: no Getsêmani, por exemplo; diante do Sinédrio; na presença de Pilatos quando o julgavam e durante a paixão.[200]
>
> Pessoas que já passaram por períodos de grande sofrimento acabaram descobrindo que os que falavam mais foram os que prestaram menor ajuda.[201]

Nesse momento, é preciso compreender e amar. O simples fato de estar perto ou de segurar a mão já ajuda o doente a se sentir amado. A confiança se conquista com a perseverança e a assiduidade. Se quisermos compartilhar dos momentos de desabafo do doente, precisamos pagar o preço da constância e do carisma:

> Nunca subestime o valor da presença. Muitas vezes, quando nossos amigos atravessam momentos difíceis, fazemos tudo o que podemos para evitá-los. Talvez pensemos que sua tragédia seja contagiosa. Talvez não saibamos o que dizer. Pode ser que o nosso estar com as pessoas que sofrem nos lembre a nossa própria vulnerabilidade. Seja qual for a razão, evitar as pessoas é errado. Esteja presente.[202]

Nos momentos oportunos, poderemos falar sobre as promessas do céu, do futuro com Cristo e do amor renovador de Deus.

7.3.5 Quinta fase: aceitação

"E depois de consumida a minha pele, ainda em minha carne verei a Deus" (Jó 19.26).

> Há um momento na vida do paciente em que a dor cessa, em que a mente entra em um estado de torpor, em que a necessidade de alimentação torna-se mínima, em que a consciência do meio ambiente quase que desaparece na escuridão.[203]

Caso haja tempo, o doente atinge a fase em que passa a aceitar a morte como algo inevitável. Geralmente ele está fraco e cansado e, por esse motivo, dorme muito; porém já não é mais um sono de fuga como na depressão. Pode haver uma sensação de inveja das pessoas que estão sãs e um imperioso desejo de estar só. O doente perde completamente o desejo de conversar ou obter notícias das coisas que acontecem no mundo. Tem o olhar fixo e aparenta estar distante de tudo, preferindo visitas curtas, e somente de algumas poucas pessoas. Assim descreve Dostoievski:

> Um homem não é sempre um homem terrestre, material... Mas caia doente, e a ordem normal, terrestre, do seu organismo se desequilibre, a possibilidade de um outro mundo se lhe manifesta imediatamente e, à medida que se agrava a doença, as relações com este mundo tornam-se mais reduzidas.[204]

Na maioria das vezes a família está bastante fragilizada, precisando de ajuda para suportar a perda do ente querido e para diminuir o sentimento de culpa pela morte dele.

> É o período em que os parentes andam de lá para cá nos corredores dos hospitais, atormentados pela expectativa, sem saber se podem sair para cuidar da vida ou se devem ficar ali esperando o instante da morte... É o momento mais difícil para um parente mais próximo, pois ele também deseja que tudo passe, que tudo termine; ou agarra-se desesperadamente a alguma coisa que está prestes a perder para sempre. É o momento da terapia do silêncio para o paciente, e de disponibilidade para com os parentes.[205]

Em minha experiência nos hospitais tive a oportunidade de conhecer inúmeras pessoas que passaram por essa situação. Elas dormiam semanas inteiras junto ao leito do paciente, esperando que a morte ou a melhora viesse. A maioria delas sentia uma parcela de culpa pelo estado do enfermo e procurava de todas as maneiras atender todos os seus desejos. Geralmente eram mães exaustas pela jornada junto ao filho; alimentavam-se mal e pouco dormiam.

Nessa ocasião, tive a oportunidade de aconselhar algumas pessoas. Tentei fazer com que voltassem às suas casas, a fim de que repousassem um pouco e resolvessem seus próprios problemas, certificando-as de que haviam feito o melhor para os seus acompanhantes e que, se não parassem por um tempo, iriam acabar se prejudicando e também o paciente, de alguma forma. Contudo, na maioria das vezes, não fui atendido.

Quando o doente falece, os familiares costumam ter vários tipos de reação. Comumente sentem raiva, se zangam e se desesperam, principalmente quando a morte acontece subitamente. Devemos deixar que o parente se expresse da maneira que desejar. Em geral, o período de luto é longo, e o familiar necessita de ajuda e assistência que podem ser fornecidas através de orientações. O objetivo é diminuir a culpa, a vergonha ou o medo do castigo. Se o aceitarmos com sua raiva, ajudaremos em sua própria aceitação (a livrar-se da culpa); se o recriminarmos por não conseguir reprimir esses sentimentos, aumentaremos a sua culpa, pesar e vergonha. Para exemplificar, narrarei um fato ocorrido em nosso ministério.

Maria era uma senhora de cabelos brancos, olhar triste porém esperançoso, respiração lenta, mãos claras, finas e suaves. Estava internada no Hospital Gaffrée Guinle, vítima de um câncer em estado avançado. Eu a conhecera há cerca de um ano em um quarto, acompanhada de sua irmã Ana, que por todo esse tempo esteve junto a Maria e, de maneira heróica, a ajudava a continuar vivendo no meio dessa tragédia. Pedi licença e entrei no quarto, olhei bem para aquela mulher e, como um mistério de Deus, senti íntima compaixão dela. Tratei-a como se fosse uma mãe, senti grande tristeza e vazio, mas ainda assim anunciei o motivo de minha visita. Também falei sobre o plano divino e o amor de Deus por ela. Lembro-me de que peguei em suas mãozinhas frágeis e finas. Por fim, perguntei se gostaria de entregar sua vida a Cristo Jesus. Disse-me que o amava há muito tempo e cria nEle. Em seguida, recebeu-o publicamente. Então, fiz uma oração apresentando-a ao Senhor. Beijei suas mãos envelhecidas e me despedi, deixando uns folhetos para todos que estavam no quarto.

Depois de alguns dias, voltei novamente àquele leito. Fiz dessa visita algo periódico. Até que aquela senhora felizmente teve alta. Por um período, não mantivemos nenhum contato, mas, passado algum tempo, ao chegar no hospital, caminhando pelos quartos, deparei-me com uma cena que muito me entristeceu: lá estava Maria, sem os seus cabelos brancos. Ela os havia perdido devido à quimioterapia. O seu olhar estava fixo e distante, completamente longe e apático de tudo e de todos; respiração ofegante e curta, um tubo introduzido no nariz, mãos finas, frias e inertes.

Senti que Maria estava partindo, morria. Segurei em suas mãozinhas, olhei para ela, mas não consegui chorar, não pude. Senti-me completamente impotente, incapaz. Orei. Afastei-me e me deparei com Ana. O quarto estava cheio de parentes e amigos. Ana chorava. Disse-lhe que havia feito o melhor, e ninguém faria tanto. Não tentei impedir que chorasse, só procurei confortá-la. Senti que naquele momento Ana precisava mais de minha ajuda que Maria. Enfim, mais calma, Ana agradeceu minhas palavras e se despediu. Creio que mais consolada.

7.4 Os direitos do paciente terminal

Tenho o direito de ser tratado como um ser humano até a morte.
Tenho o direito de manter a minha esperança, não importa o quão inconsistente ela seja.
Tenho o direito de ser tratado por aqueles que mantenham a esperança, não importa o quão inconsistente seja.
Tenho o direito de expressar minhas emoções e meus sentimentos a respeito da minha morte, de minha própria maneira.
Tenho o direito de participar das decisões a respeito do meu tratamento.
Tenho o direito de continuar sendo atendido por médicos e enfermeiros, mesmo quando o objetivo deixa de ser a cura e passa a ser o conforto e a paliação.
Tenho o direito de não morrer sozinho.
Tenho o direito de não sentir dores.
Tenho direito a respostas sinceras às minhas perguntas.
Tenho o direito de não ser enganado.
Tenho o direito de ter ajuda de minha família e para a minha família no processo de aceitação da minha morte.
Tenho o direito de morrer em paz e com dignidade.
Tenho direito à minha individualidade, e de não ser julgado por minhas decisões, que podem ser contrárias às crenças dos demais.
Tenho o direito de discutir e ampliar minhas experiências religiosas e/ou espirituais, independente do que isso possa significar para outras pessoas.

Tenho o direito de esperar que seja respeitada a inviolabilidade do corpo humano após a morte.

Tenho o direito de ser tratado por pessoas sensíveis e competentes, que tentarão compreender minhas necessidades e que conseguirão obter alguma satisfação ao me ajudar a encarar a morte. (BARBUS, A. Os direitos do paciente incurável. In: H. Whitman e S.Lukes. *Modificações comportamentais dos pacientes terminais*. Am. J. Nurs., v. 75, p.98-101, 1975.)

Capítulo 8

Os números da AIDS

Porque haverá homens amantes de si mesmos, avarentos, presunçosos, soberbos, blasfemos, desobedientes a pais e mães, ingratos, profanos, sem afeto natural, irreconciliáveis, caluniadores, incontinentes, cruéis, sem amor para com os bons, traidores, obstinados, orgulhosos, mais amigos dos deleites do que amigos de Deus, tendo aparência de piedade, mas negando a eficácia dela.
2 Timóteo 3.2-5

Por ocasião de estar escrevendo este livro, senti a necessidade de obter dados mais recentes sobre a AIDS. Em escala avançada, poderíamos compará-la à peste ou à sífilis. Contudo, seus efeitos tanto físicos como emocionais são bem piores do que quaisquer doenças de séculos passados.

A AIDS vem devastando e ceifando a vida de dezenas de milhares de pessoas anualmente. Os programas de conscientização por propaganda em rede de rádio e televisão como também os cartazes não conseguem parar o ritmo da AIDS, mas apenas diminuir a sua aceleração.

Basicamente, a resposta do mundo para a AIDS está no uso de camisinhas, seringas, agulhas descartáveis etc, apresentando tais métodos como os únicos que podem oferecer segurança. A justificativa reside na afirmação de que, ao contrário do que os cristãos defendem, a fidelidade conjugal não resolve o problema. Esse argumento baseia-se em informações de que as mulheres heterossexuais e monogâmicas vêm sendo cada vez mais contaminadas com o vírus da AIDS através de seus maridos e isso devido ao fato de não fazerem uso de preservativos.

A Bíblia recomenda que tenhamos um casamento monogâmico, isto é, com um só parceiro. Certamente, se ambos estiverem sob um mesmo jugo, obedientes à Palavra de Deus, o sexo no casamento será seguro, mesmo sem camisinha:

> As pessoas casadas e sadias, que permanecem fiéis aos seus votos matrimoniais e não recebem injeção de drogas, não correm nenhum risco de contaminar-se. Porém, se começam a comportar-se arriscadamente, podem com facilidade contrair o vírus da doença e passá-lo ao seu cônjuge. Dessa forma, o matrimônio em si não oferece nenhuma garantia... Se um dos cônjuges percebe que o outro o está colocando numa posição de risco, deve falar francamente com ele. Eles não têm nada a perder, a não ser a vida.[206]

É possível haver casos de AIDS no seio de famílias cristãs. Contudo, a probabilidade de um casal cristão fiel adquirir o vírus através de sexo ou drogas é nula ou quase nula.

Os valores fornecidos pelo Ministério da Saúde no período de 1980 até março de 1997 no Brasil revelam alguns dados alarmantes. Os casos notificados de AIDS em pessoas que afirmam ser heterossexuais representam exatamente 13,5% do total. A porcentagem de pessoas contaminadas que afirmam ser homossexuais é 28,1%. Já os bissexuais representam 14,6%. Somando os casos de contaminação homossexual e bissexual temos um total que equivale a 32,7% dos casos de AIDS. Esse número, por sua vez, representa mais que o dobro dos casos de exposição heterossexual.

Outro número alarmante é o de usuários de drogas injetáveis (UDI), que corresponde a 21,6% do total de doentes com AIDS. Sem contar com os homossexuais, bissexuais, hemofílicos e heterossexuais que usam drogas injetáveis.

Gostaria também de mencionar um dado que tem se mantido praticamente estável: a contaminação por sangue infectado, que perfaz 2,2% do total. Pode-se dizer que com o avanço das leis que normatizam a doação de sangue e com o aumento da qualidade no serviço de testagem, em breve não teremos mais problemas desse tipo. Sensibilizo-me bastante com essas questões, pois tomei conhecimento de que 2.777 crianças foram contaminadas por via placentária, representando 2,5% do total dos casos de AIDS. Muitas dessas crianças foram infectadas após o nascimento devido à falta de instrução da mãe, que desconhecia o fato de ser contra-indicado amamentar a criança sendo portadora do vírus.

Os índices etários da AIDS de 1980 até o ano de 1997 no Brasil são os seguintes:

IDADE	TOTAL	%
menos de 1 ano	1.419	1,3
1 a 4	1.519	14
5 a 9	509	0,5
10 a12	187	0,2
13 a 14	145	0,1
15 a 19	2.427	2,2
20 a 24	12.109	10,9
25 a 29	23.567	21,3
30 a 34*	24.813	22,4
35 a 39	17.937	16,2
40 a 44	11.542	10,4
45 a 49	6.478	5,8
50 a 54	3.469	3,1
55 a 59	2.061	1,9
60 ou mais	2.057	1,9
ignorado	633	0,6

*Faixa etária com maior número de pessoas contaminadas.

Em matéria denominada "O sexo das ruas", realizada pela revista *IstoÉ* de junho de 1996 são oferecidos alguns dados sobre o comportamento sexual de adolescentes no Brasil. Esses dados são o espelho do que se tornará nossa sociedade dentro de poucos anos. Infelizmente, como veremos, o prognóstico é péssimo.

> Uma pesquisa do Ministério da Saúde com crianças e adolescentes de baixa renda revela que os menores trabalhadores, em média, perdem a virgindade com 12 anos. Entre os meninos e meninas de rua, que trabalham em atividades que tanto irritam a classe média — guardadores de carro, distribuidores de folhetos, vendedores de bombons nos sinais de

trânsito –, a iniciação sexual ocorre ainda mais cedo, aos 11 anos e meio. Já aqueles que mantêm uma rotina mais formal de trabalho, como *office-boys*, balconistas e ambulantes, a primeira relação acontece aos 13 anos... Embora bem informados sobre os riscos da AIDS, não costumam se prevenir. Só 27% dos entrevistados usam camisinha. De cada dez adolescentes que fazem sexo regularmente, quase metade, cerca de 44%, nunca usaram preservativo... Entre os que trabalham no campo, 68,8%, tiveram entre dois e cinco parceiros após a iniciação sexual. Na motivação para o sexo, os garotos deixam os tabus e as convenções de lado. A maioria, 46%, transa por prazer. O amor ficou em um distante segundo lugar, com 21% das respostas, mais próximo da alternativa católica de procriação. Cerca de 18% dos adolescentes vêem no ato sexual apenas uma forma de gerar filhos. No outro extremo, 5% fazem sexo por dinheiro... Nas cidades, 13,2% tiveram contato incestuoso e relataram sexo com parentes de primeiro grau, incluindo padrasto e madrasta. No campo, o percentual sobe para 20%.
Aborto, gravidez e drogas também fazem parte da pesquisa. Entre jovens urbanos, 48,75% têm amigas da mesma faixa etária que já engravidaram e 27,81% relatam experiência de aborto envolvendo pessoas próximas... Cerca de 20% experimentaram algum tipo de droga ilícita. O percentual mais alto está entre os meninos de rua (28,3%). Deste, 23% fazem uso de maconha e 50% ainda estão nos inalantes, como a cola de sapateiro. Em todos os segmentos, mais de 70% dos jovens estão em contato com pessoas que se drogam.[207]

Como os jovens dos 11 aos 18 anos lidam com a sexualidade? Vejamos alguns dados:

Uso de preservativos	Percentual
Nunca usou	44%
Usa às vezes	29%
Usa sempre	27%

*Fonte: Ministério da Saúde

Infelizmente, diante desses fatos, espera-se uma geração muito mais corrompida pelo pecado e ainda mais suscetível à AIDS e a outras doenças.

Como cristãos, é nosso dever educar nossos filhos na Palavra, a fim de que não sejam levados pelos ventos de doutrinas, ou mesmo, devido ao desinteresse pelas coisas de Deus, venham a afastar-se dEle, enveredando-se por caminhos de pecado e morte. É também de nossa responsabilidade comunicar o Evangelho que liberta o homem aprisionado pelo pecado e auxiliar as famílias que estão sendo destruídas pelos ardis do diabo, para que, solidificadas em Cristo, possam construir um futuro menos terrível.

8.1 Infecções causadas por germes oportunistas associadas à AIDS

Organismo	Localização habitual da infecção	Sintomas comuns
	Infecções por bactérias	
Mycobacteryum alvium intracelulae	Fígado, nódulos linfáticos, baço, medula óssea e pulmões	Febre, mal-estar, glândulas inchadas, suores, anormalidade na função do fígado, tosse e catarro
Nocardiase pulmonar	Pulmões	Febre, tosse, dificuldade de respirar, catarro sanguinolento, dores ao respirar

Espécies salmonella	Intestino, corrente sangüínea	Diarréia, câimbra, febre, suores, erupções na pele, calafrios
Shiguella flexneri	Intestino	Diarréia, câimbra, fezes sanguinolentas e febre
Legionella pneumophila	Pulmões	Febre, tosse e dispnéia
Infecções por fungos		
Cândida albicans: 1. Mucocutânea 2. Disseminada	1. Boca e esôfago 2. Sangue fígado, rins e cérebro	1. Pontos brancos na boca, especialmente na língua, sensibilidade e dores no paladar e dentes 2. Febre, calafrios, suores, confusão, sonolência, debilidade, anormalidades na função do fígado
Cryptococcus neoformans	Pele, cérebro e pulmões	Dores de cabeça, tontura, torcicolo, confusão, coma, dispnéia, tosse e febre
Aspergilosis	Pulmões e cérebro	Febre, tosse, catarro sanguinolento, confusão e dores de cabeça
Histoplasmosis	Pulmões	Febre, tosse, suores, perda de peso, glândulas inchadas e erupções
Infecções por protozoários		
Pneumocystis carinii	Pulmões	Febre, tosse, respiração curta, catarro branco e espumoso

Entamoeba castelanii	Olhos	Provoca cegueira, principalmente em pessoas que utilizam lentes de contato sem a devida higiene e manutenção
Bastocistíase	Intestino delgado	Diarréia, mal-estar, vômitos e cólicas
Toxoplasma gondii	Cérebro, sistema nervoso central, nódulos linfáticos e sangue	Confusão, dores de cabeça, derrames, tonturas, glândulas inchadas, febre e mal-estar
Criptosporulium enteritis	Intestino	Diarréia aquosa grave (alteram o padrão da luz intestinal)
Isospora beli	Intestino	Diarréia aquosa grave
Enterobios vermicularis	Intestino	Diarréia grave, com síndrome de má absorção
Entamoeba histolytica	Intestino e fígado	Diarréia, intolerância à comida, gases, ânsia de vômito, câimbra, fezes sanguinolentas e anormalidades no fígado
Infecções por vírus		
Enterobios vermicularis	Pulmões, gânglios linfáticos, fígado, sangue	Tosse, dificuldade de respirar, febre, dores abdominais, icterícia e dores no fígado
Entamoeba histolytica	Gânglios linfáticos, fígado, sangue e sistema nervoso central	Febre, gânglios inchados, icterícia, anormalidades do fígado, dores abdominais, confusão e paralisia dos nervos

Vírus Herpes simplex	Pele, boca, genitálias, mãos e cérebro	
Vírus Hepatite B	Fígado e junturas	Icterícia, febre, intolerância à comida e álcool, urina escura, fezes esbranquiçadas, dores e inchamento nas unhas
Leucoencefalopatia multifocal	Cérebro	Confusão, derrames, moleza no corpo e coma
Panencelatite esclerótica subaguda	Cérebro	Confusão, derrames, moleza no corpo e coma

8.2 Tipos de isolamento na AIDS

Herpes simples localizado .... contato;[208]
Herpes simples disseminado .... contato;
Herpes Zoster localizado .... contato;
Herpes simples disseminado .... total;[209]
Criptosporidium .... entérico;[210]
Mycobacterium tuberculosis .... respiratório;[211]
Shigella e Salmonella sp. .... entérico.

Bibliografia

ABIA. AIDS, o que é? Que podemos fazer? *Jornal Informativo.*

ABIA. Enfrentando a tuberculose e o HIV. *Boletim Internacional sobre Prevenção e Assistência à AIDS,* n. 32,33, abr./set. 1996.

ABIA. *Mulheres positivas, um guia dos sintomas e tratamentos para mulheres vivendo com HIV/AIDS.* Rio de Janeiro, 1995.

ABIA. *Retratos da desatenção.* n. 32, maio/jun. 1996.

A BÍBLIA DE JERUSALÉM. São Paulo: Edições Paulinas, 1991.

A BÍBLIA VIVA. 5.ed. São Paulo: Mundo Cristão, 1989.

AÇÃO ANTI-AIDS. *Boletim Internacional sobre Prevenção da AIDS.* n. 28. p. 6, mar./maio 1995.

ALCANTARA, Eurípedes. AIDS mais perto da cura. *Veja*, Rio de Janeiro, n. 28, p. 88-96, ano 29, 10 jul. 1996.

ALMEIDA, Abraão de. *Homossexualismo – doença ou perversão?* Vida, 1990.

ANDRADE, Claudionor de. *Lições Bíblicas.* Rio de Janeiro: CPAD, 4º trimestre de 1997.

ATKINSON, Murray. *Fundamentos de enfermagem.* Rio de Janeiro, 1989, p.193-199.

AZULAY, Rubem David. Sarcoma de Kaposi. *Jornal Brasileiro de Medicina,* Rio de Janeiro, ago. 1995, n. 2, v. 69, p. 49-58.

BAHIA, Juraci Carlos, et alii. *Adoeci e você me visitou.* Rio de Janeiro: JUERP, 1991.

BOLETIM INTERNACIONAL SOBRE PREVENÇÃO E ASSISTÊNCIA À AIDS. *HIV, Medicamentos e Alimentação*, n. 30, set./dez. 1995.

BROWN, Stephen. *Quando a corda se rompe.* Flórida: Vida, 1990.

BRUNELLI, Walter. *A vontade de Deus e você*. Rio de Janeiro: CPAD, 1987, p. 25.

BUCKLAND, A, R. *Dicionário bíblico universal.* 11.ed. Vida, 1996.

BUENO, Sônia Maria Villela, et alii. Comportamento das profissionais do sexo relacionado à DST e AIDS. *Revista JB DST*, Rio de Janeiro, v. 9, n.3, p. 4-9, 1997.

CALDWELL, Charles Ryrie. *A Bíblia anotada.* São Paulo: Mundo Cristão, 1994.

CARVALHO, Eduardo Botelho. *Manual de suporte nutricional.* Rio de Janeiro: MEDSI, 1992, p. 205-217.

CASTRO, Claudio de Moura. *Estrutura e apresentação de publicações científicas.* São Paulo: McGrow-Hill do Brasil, 1976.

CAVALCANTI, Eleni Vassão de Paula. *Consolo.* 1.ed. São Paulo: CEP, 1990.

COLLINS, Gary R. *Aconselhamento cristão.* São Paulo: Vida Nova, 6ª Reimpressão da primeira edição, 1995.

CUNHA, Guilhermino. *Jornal Novas*. Rio de Janeiro, n. 79, p. 3. ano VII, jul. 1997.

DURHAM, Jerry D. *A enfermagem e o aidético.* Manole LTDA, 1989.

FRIBERG, Barbara & FRIBERG, Timothy. *O Novo Testamento grego analítico*. São Paulo: Vida Nova, 1981.

GINGRICH, F. Wilbur & DANKER, Frederick W. *Léxico do Novo Testamento. Grego/Português.* São Paulo: Vida Nova, 1993.

GONÇALVES, Elaine Siqueira. *Nutrição superpositiva*. ABIA – Associação Brasileira Interdisciplinar de AIDS. Rio de Janeiro, 1997.

Governo do Estado do Rio de Janeiro. *Boletim DST/AIDS*. Rio de Janeiro, dez. 1996.

Grupo pela Vida. *Cuidando da minha criança com AIDS.* Rio de Janeiro.

Grupo pela Vida. *Cuidando de alguém com AIDS*. Rio de Janeiro, 1994.

Grupo pela Vida. *Viver a vida positivamente.* Rio de Janeiro: CEP, 1994.

HARTMAN, Jack. *Pairando acima dos problemas da vida.* São Paulo, 1988.

HOMECARE, REVISTA BRASILEIRA DE. *Governo cria sistema de homecare*. São Paulo, n.19, p.22, ano II, 1996.

JOSEFO, Flávio. *História dos hebreus*. 1.ed. Rio de Janeiro: CPAD, 1990.

JUCÁ, Cândido. *Dicionário das dificuldades da língua portuguesa.* 3.ed. Rio de Janeiro: MEC, 1968.

KESSLER, Nemuel. *Ética pastoral*. 1.ed., Rio de Janeiro: CPAD, 1988.

KNIGHT, A. *História do cristianismo.* 2.ed. Rio de Janeiro: CPAD, 1984.

KÜBLER-ROSS. Elizabeth. *Sobre a morte e o morrer*. 2.ed. São Paulo: Livraria Martins Fontes Editora LTDA, 1985.

LACAZ, Carlos da Silva, et alii. *AIDS-SIDA*, 2.ed. São Paulo: SANVIER, 1990.

LADD, George Eldon. *Teologia do Novo Testamento*. 2.ed. Rio de Janeiro: JUERP, 1984.

LARCHET, Jean-Claude. *Teologia da doença*. São Paulo: Edições São Paulo.

LEITE, Christiane A. Chaves & NETO, Ulysses Fagundes. Aspectos funcionais, microbiológicos e morfológicos intestinais em crianças HIV-positivas. *Revista Paulista de Pediatria*. v. 15, n. 2. p. 101-107, jun. 1997.

LOPEZ, Ancona Fábio. Uso de drogas e álcool na adolescência. *Jornal de Nutrição Infantil*. Rio de Janeiro, n. 20, ano IV, p. 4, 1997.

MAGALHÃES, Clebem Lenz César. *Manual de consulta para capelães e visitadores hospitalares*. Rio de Janeiro: Gospel Press, 1995.

MALAFAIA, Albertina. A mensagem da salvação. *Mensageiros da Fé*. Rio de Janeiro: CPAD, n. 5, p. 47-74.

MALGO, Wim. *Deus ainda cura enfermos atualmente*? Rio Grande do Sul: Obra Missionária Chamada da Meia-Noite.

MCMILLEN, S.I. *Nenhuma enfermidade*. São Paulo: Vida. 1986.

MENSAGEIRO DA PAZ. *Grupo de amigos: o desafio de recuperar homossexuais*. Rio de Janeiro ago. 1995, n. 1301. ano LXV.

MENZIES, William W. & HORTON, Stanley M. *Doutrinas bíblicas: uma perspectiva pentecostal*. 1.ed. Rio de Janeiro: CPAD, 1995.

MINISTÉRIO DA SAÚDE. Semana Epidemiológica. *Boletim Epidemiológico AIDS*, ano IX , Brasília, n. 4, p. 36-45, set./nov. 1996.

MINISTÉRIO DA SAÚDE. Semana Epidemiológica. *Boletim Epidemiológico AIDS*, Brasília, ano IX, n. 6, 10-22 mar., 1997.

MINISTÉRIO DA SAÚDE. *Cartilha do educador, drogas lícitas, ilícitas e DST/AIDS*. Rio de Janeiro: CONEN, 1995.

MINISTÉRIO DA SAÚDE. *Considerações gerais sobre o binômio HIV/AIDS e gravidez*. Brasília. PN - DST/AIDS, 1995.

MINISTÉRIO DA SÁUDE. *Manual de orientação básica para a equipe de enfermagem*. Brasília, 1995.

MINISTÉRIO DA SAÚDE. *Memento terapêutico*. 2.ed. Brasília: CEME, 1989.

MURAD, J. Elias. Até onde vai a proteção da camisinha. *Jornal do Conselho Federal de Medicina*. Rio de Janeiro, maio 1997, n. 82, ano X, p.12.

OLIVEIRA, Maria Cecília Casali. HIV/AIDS e os profissionais da psicologia. *Revista Insight Psicoterapia*, São Paulo, n. 51, p. 21-25, ano V, 1995.

OLIVEIRA, Raimundo F. de. *Doutrinas bíblicas: uma introdução à teologia.* 2.ed. São Paulo: EETAD.

OLIVEIRA, Raimundo F. de. *O livro de Atos: a igreja, o seu viver e agir.* 2.ed. São Paulo: EETAD.

PEARLMAN, Myer. *Conhecendo as doutrinas da Bíblia.* 9.ed. Miami: Vida, 1985.

PEREIRA, Isidro. *Dicionário grego-português e português-grego*. 5.ed. Porto, 1976.

RIENECKER, Fritz & ROGERS, Cleon. *Chave lingüística do Novo Testamento grego.* São Paulo: Vida Nova, 1995.

ROMERO, Paulo. *SuperCrentes.* 6.ed. Mundo Cristão, 1996.

ROUQUAYROL, Maria Zélia. *Epidemiologia e saúde.* 3.ed. Rio de Janeiro: MEDSI, 1988.

SAMPAIO, Ronaldo Ribeiro. *ABC do HIV*. Tese, Rio de Janeiro, 1988.

SHEDD, Russel P. *A Bíblia vida nova*. São Paulo: Vida Nova, 1988.

SPURGEON, C.H. *Lições aos meus alunos.* 1.ed. v. 3, São Paulo: PES, 1983.

SPURGEON, Charles Haddon. *O conquistador de almas*. 3.ed. São Paulo: PES, 1983.

STAMPS, Donald C. *A Bíblia de estudo pentecostal*. Boston: CPAD, 1995.

STEKEL, Wilhelm. *Atos impulsivos*. 1.ed. São Paulo: Mestre Jou, 1968.

STEWARTM, Charles. *AIDS, doença natural ou castigo de Deus*? São Paulo: Vida,1995, p. 47.

TRINDADE, Eliane. O sexo das ruas. *IstoÉ*, São Paulo, n. 1395, p. 58,59, jun. 1996.

SWINDOLL, Charles R. *Dê-me ânimo*. Flórida: Vida, 1992.

WHITE, Ellen G. *Meditações matinais.* 1.ed. São Paulo: Casa Publicadora Brasileira, 1995.

WIRTH, Noeme de Matos. Uma proposta pastoral junto a portadores do vírus da AIDS. *Revista Teológica da Igreja Metodista.* n. 5, ano 3, p. 37-46, 1992.

YOUNG, Jack. *Cuidados pastorais em horas de crise*. 3.ed. Rio de Janeiro: JUERP, 1991.

Notas

1 LARCHET, Jean-Claude. *Teologia da doença*. São Paulo: Edições São Paulo, p. 21.

2 LARCHET, Jean-Claude. op. cit., p. 47.

3 Enfisema é a infiltração e acúmulo de ar ou outro gás qualquer em um tecido.

4 NORDTVEDT, Matilda. *Derrotando o desespero e a depressão*. São Paulo: Vida, 1978.

5 Ezequias promoveu um grande avivamento espiritual em Judá. Proibiu o culto idólatra, destruiu os altos, lançou no ribeiro de Cedrom os ídolos colocados no templo por Acaz, seu pai, purificando-o, abriu as portas do templo e realizou um grande holocausto ao Senhor (2 Cr 29).

6 Vontade permissiva (do grego: *thelema* ou *thelo*) "está mais de acordo com o que o homem deseja do que o que Deus realmente quer; a vontade permissiva demonstra carnalidade, desejo, enquanto na vontade perfeita o homem se destaca pela espiritualidade; as conseqüências da vontade permissiva são desagradáveis, enquanto na perfeita o homem goza de plena felicidade; na vontade permissiva o homem viola os preceitos da Palavra de Deus, enquanto na vontade perfeita, ele age segundo ela". (BRUNELLI, Walter. *A vontade de Deus e você*. Rio de Janeiro: CPAD, 1987, p. 25). O Novo Testamento fala mais acerca da vontade de Deus.

7 LARCHET, Jean-Claude. op. cit., p. 56.

8 Do grego *skólops*, que significa "espinho".

9 Adaptados do livro *Deus ainda cura enfermos atualmente?*, de Wim Malgo.

10 Segundo Durham, "muitas necessidades de auto-estima são satisfeitas através do trabalho. No entanto, o trabalho geralmente é impossível com a progressão da AIDS. Ou a pessoa está muito doente para trabalhar constantemente, ou a pessoa é despedida porque tem AIDS" (*A enfermagem e o aidético.* Manole LTDA, 1989, p. 135).

11 Durham, em seu livro *A enfermagem e o aidético,* nos fala desse fenômeno da depressão pelas perdas de vizinhos de enfermaria e amigos também portadores do HIV. "Em áreas onde a AIDS é muito prevalente [como em enfermarias de pacientes com AIDS], muitas pessoas conhecem várias outras que faleceram da doença, e estão emocionalmente esgotadas. Sobrecarga de luto é um termo que tem sido usado para descrever o fenômeno de ter tido perdas tanto pessoais quanto na comunidade em tal quantidade e num espaço de tempo tão curto que não há mais capacidade de compreender mais perdas".

12 Vontade decretiva (do grego: *boulomai*). "É o caso de Paulo e seu "espinho na carne", que, apesar de ter insistido imensamente para que Deus o curasse, recebeu como resposta: 'A minha graça te basta, porque o meu poder se aperfeiçoa na fraqueza'" (2 Co 12.9) (BRUNELLI, Walter. op. cit., p. 27-29). Vontade determinada para inclinações pessoais.

13 Do grego *elegxon*: "provar", "convencer do erro" ou "reprovar". "Indica o falar com uma pessoa de tal modo que, se ela não chega à confissão da fé, pelo menos fica convicta de seu pecado" (RIENECKER & ROGERS, *Chave lingüística do Novo Testamento grego*. São Paulo: Vida Nova, 1995).

14 Do grego *epitimeson*: "a palavra indica, no Novo Testamento, a idéia de censura e admoestação severa" (RIENECKER & ROGERS. op. cit.).

15 Do grego *parakaleson*: "exortar", "encorajar", "rogar", "admoestar" (RIENECKER & ROGERS. op. cit.).

16 BAYLY, Joseph. *Enfrentando a morte*. São Paulo: Mundo Cristão, p. 41.

17 BAYLY, Joseph., op. cit., p. 6.

18 BROWN, Stephen. *Quando a corda se rompe.* São Paulo: Vida, 1990. p. 23.

19 OLIVEIRA, Maria Cecília Casali. HIV/AIDS e os profissionais da psicologia. *Revista Insight Psicoterapia*, São Paulo, n. 51, ano V, p. 23, 1995.

20 Retificar é tornar reto, alinhar; corrigir, emendar.

21 Satírico relativo à censura, crítica, escárnio, ironia, zombaria, ofensa, ultraje.

22 Discernir o "momento certo" é de suma importância. Períodos de grande adversidade são cercados por momentos de bloqueio às opiniões alheias, principalmente no que diz respeito à fé. Interferências em momentos inoportunos podem piorar ainda mais a situação do enfermo.

[23] LARCHET, Jean-Claude. op. cit., p. 54.

[24] MALAFAIA, Albertina. A mensagem da salvação. *Mensageiros da Fé.* Rio de Janeiro: CPAD, n. 5, p. 47-74.

[25] PEARLMAN, Myer. *Conhecendo as doutrinas da Bíblia*. São Paulo: Vida, 1985, p. 144.

[26] OLIVEIRA, Raimundo F. de. *Doutrinas bíblicas*: *uma introdução à teologia*. 2.ed. Campinas: EETAD. p. 118,119.

[27] Do grego *dikaiosune*: "justiça ou justificação". "O estado de estar inocente perante Deus". (RIENECKER & ROGERS. op. cit.).

[28] Do grego *hagiasmos*: "santidade", "santificação", "consagração" (RIENECKER & ROGERS. op. cit.).

[29] Do grego *apolutrõsis*: "libertação graças ao pagamento de um resgate" (RIENECKER & ROGERS. op. cit.).

[30] Do grego *catarizei:* "'limpar', 'purificar'. "Os versos sugerem que Deus faz mais do que perdoar; Ele limpa a mancha deixada pelo pecado" (RIENECKER & ROGERS. op. cit.).

[31] Do grego *sosei*: "aqui a palavra tem sentido de restaurar a saúde" (RIENECKER & ROGERS. op. cit.).

[32] Do grego *egerei*: "A palavra significa levantar do leito de enfermidade e ficar são" (RIENECKER & ROGERS. op. cit.).

[33] CAVALCANTI, Eleni Vassão de Paula. *Consolo.* São Paulo: CEP, 1990, p. 70.

[34] Do grego *luo*: soltar, mais especificamente "'foste liberta e estás no estado de liberdade'. A palavra é usada nos escritos médicos para alguém ficar livre de uma doença" (RIENECKER & ROGERS. op. cit.).

[35] Do grego *kseros*: "ressecado", "murcho" (RIENECKER & ROGERS. op. cit., 1995).

[36] Segundo o *Dicionário dos movimentos pentecostal e carismático,* citado por Romeiro (1996), "a confissão positiva é um título alternativo para a teologia da fórmula da fé ou doutrina da prosperidade, promulgada por vários televangelistas contemporâneos, sob a liderança e a inspiração de Essek William Kenyon... se refere literalmente a trazer à existência o que declaramos com a nossa boca, uma vez que a fé é uma confissão". Outros nomes: teologia da prosperidade, evangelho da saúde e da prosperidade.

[37] BROWN, Stephen. op. cit., p. 39.

[38] LARCHET, Jean-Claude. op. cit. p. 57.

[39] Do grego *makrotumei*: "paciência". "É o espírito constante que nunca desiste". (RIENECKER & ROGERS. op. cit.).

[40] Do grego *chresteuetai*: "ser útil, agradável, gentil e mostrar bondade, alguém que presta serviços a outras pessoas de modo gracioso e bem disposto" (RIENECKER & ROGERS. op. cit.).

[41] Do grego *zeloi*: "ser zeloso, cuidar com zelo"; "ser fervente, ferver com inveja, ser invejoso" (RIENECKER & ROGERS. op. cit.).

[42] Do grego *perpereuetai*: "alguém que fala muito e age presunçosamente" (RIENECKER & ROGERS. op. cit.).

[43] Do grego *phusioutai*: "inchar-se, encher-se" (RIENECKER & ROGERS. op. cit.).

[44] Do grego *aschemonei*: "comportar-se indecentemente ou de maneira vergonhosa" (RIENECKER & ROGERS. op. cit.).

[45] Do grego *paroksunetai*: "irritar, promover ira, ficar nervoso" (RIENECKER & ROGERS. op. cit.).

[46] Do grego *logizetai*: "registra o mal".

[47] ANDRADE, Claudionor de. *Lições Bíblicas*. Rio de Janeiro: CPAD, 4º trimestre de 1997.

[48] WIRTH, Noeme de Matos. Uma proposta pastoral junto a portadores do vírus da AIDS. *Revista Teológica da Igreja Metodista*. n. 5, ano 3, p. 37-46, 1992.

[49] LIMA, Elinaldo Renovato de. Salmos. *Lições Bíblicas*. Rio de Janeiro: CPAD, 3º trimestre de 1997.

[50] LARCHET, Jean-Claude. op. cit., p. 32, 33.

[51] No artigo *Comportamento das profissionais do sexo relacionado a DST e AIDS*, a autora afirma que 50,76% [mais da metade] das prostitutas entrevistadas, acredita que a AIDS é uma praga ou castigo de Deus. (BUENO, Sônia Maria Villela, et alii. *Revista JB DST*, v. 9, n. 3, 1997).

[52] Estigma: marca infamante.

[53] Ambivalência: dúvida e indecisão.

[54] DURHAM, Jerry D. op. cit., p.142.

[55] Prostituição: "Fugi da prostituição. Todo pecado que o homem comete é fora do corpo; mas o que se prostitui peca contra o seu próprio corpo" (1 Co 6.18).

[56] Pecados que levaram à morte: Êx 10.17; Êx 32.34; Lv 26.18,21; Dt 24.16; 2 Sm 12.13; Rs 16.20.

[57] Do grego *skōlekobrōtos*: "'comido por vermes'. A palavra era usada para grãos atacados por pragas" (RIENECKER & ROGERS. op. cit.).

[58] JOSEFO, Flávio. *História dos hebreus.* Rio de Janeiro: CPAD, 1990, p. 544.

[59] BROWN, Stephen. op. cit., p. 79, 80.

[60] STEWARTM, Charles. op. cit., p. 47.

[61] LARCHET, Jean-Claude. op. cit., p. 27.

[62] Do grego *ptochos*: "pobreza miserável" (RIENECKER & ROGERS. op. cit.).

[63] Jornal Novas. op. cit., p. 3.

[64] Do grego *eksomologeisthe* "'confessar publicamente'. A confissão não deve ser feita apenas aos líderes da igreja, mas 'uns aos outros', possivelmente entre as pessoas envolvidas no erro" (RIENECKER & ROGERS. op. cit.).

[65] Do grego *sõsei*: "restaurar a saúde" (RIENECKER & ROGERS. op. cit.).

[66] ORR. Robert D., et alii. *Decisões de vida ou morte*. Rio de Janeiro: JUERP, p. 100, 101.

[67] Acepção de pessoas: "Amarás a teu próximo como a ti mesmo, bem fazeis. Mas, se fazeis acepção de pessoas, cometeis pecado, e sois redargüidos pela lei como transgressores" (Tg 2.8,9). "Ter respeito à aparência de pessoas não é bom, porque até por um bocado de pão o homem prevaricará" (Pv 28.21).

[68] YOUNG, Jack. *Cuidados pastorais em horas de crise*. 3.ed. Rio de Janeiro: JUERP, p. 29.

[69] YOUNG, Jack. op. cit., p. 32.

[70] SPURGEON, C.H. *Lições aos meus alunos*. São Paulo: PES, v. 3, 1983, p. 67.

[71] Aguilhão significa "o ferrão", "ponta", "espinho"; "estímulo", "incentivo"; "sofrimento". (JUCÁ, Cândido. *Dicionário escolar das dificuldades da língua portuguesa*. 3.ed.)

[72] DURHAM, Jerry D. *A enfermagem e o aidético*. Manole LTDA, 1989, p.138.

[73] Relativo a coceiras e irritação.

[74] Pessoas que possuem defesa corporal comprometida, podendo ser total ou parcialmente.

[75] PIMENTA, Vicente Alves, em *seu Moderno tratado de enfermagem*, V. IV, afirma que caquexia é "fraqueza", "debilidade", "desnutrição orgânica", resultante de outras doenças.

[76] PIMENTA, Vicente Alves. op. cit., afirma que anorexia ou inapetência é a falta de apetite.

[77] Além das infecções agudas do sistema nervoso central causadas pela toxoplasmose, algumas pessoas com AIDS têm a síndrome da encefalite subaguda cujos sintomas são: letargia (nome que se dá ao sono profundo e mórbido advindo de distúrbios mentais (PIMENTA, 1983); confusão mental, agitação, perda da consciência, depressão, retraimento social, coma, neuropatia periférica cerebral. Essa síndrome ocorre em uma, de cada três pessoas com AIDS. Além disso, esses problemas podem estar associados a distúrbios ao andar e diminuição ou perda total da fala. (DURHAM, Jerry D. op. cit., p. 132).

[78] Depressão. Segundo o *Dicionário de psicologia Larousse*, é "o estado mórbido duradouro caracterizado por uma diminuição da tonicidade e da energia. Ansioso, alquebrado e desencorajado, o indivíduo deprimido é incapaz de enfrentar a menor dificuldade. Não toma nenhuma iniciativa, por falta de interesse e vontade; sofre de sua impotência e tem impressão que suas faculdades intelectuais estão corrompidas. O Ministério da Saúde caracteriza a depressão como uma das manifestações comuns ao paciente com AIDS" (*Manual de orientação básica para a equipe de enfermagem*. Ministério da Saúde, p. 94.)

[79] DURHAM, Jerry D. op. cit., p.137.

[80] DURHAM, Jerry D. op. cit., p.139.

[81] "Quando a hospitalização durar longos períodos de tempo, as visitas podem se tornar menos freqüentes; após algum tempo a pessoa pode se sentir abandonada, ficando somente com profissionais de saúde e voluntários como contatos sociais" (DURHAM. op. cit., p. 139).

[82] Ansiedade. Segundo o *Dicionário de psicologia Larousse*, é o estado afetivo caracterizado por um sentimento de insegurança. A diferença entre a ansiedade e a angústia é que nesta estão ausentes as modificações fisiológicas (sensação de sufocamento, suores, aceleração do pulso). O Ministério da Saúde caracteriza a ansiedade como uma das manifestações comuns ao paciente com AIDS (*Manual de orientação básica para a equipe de enfermagem*. Ministério da Saúde. p. 95.) Segundo o Ministério da Saúde, os fatores mais comuns que geram a ansiedade em portadores do HIV/AIDS são: prognóstico de curto e longo prazo; risco de infectar outras pessoas; hostilidade social, ocupacional, doméstica, sexual e rejeição; abandono, isolamento e dor física; medo de morrer em dor ou sem dignidade; incapacidade de mudar as circunstâncias e as conseqüências da infecção do HIV; incertezas quanto à impossibilidade de garantir a melhor saúde possível no futuro; incertezas quanto à capacidade de ter amigos e de como seus familiares enfrentarão a situação; disponibilidade de tratamento médico e dentário adequado; perda de privacidade e preocupações com o aspecto da confidencialidade; futuro social e não aceitação sexual; capacidade cada vez menor de atuar eficientemente; perda da independência física e financeira.

[83] Angústia. Segundo o *Dicionário de psicologia Larousse*, é a extrema inquietude, medo irracional. A angústia é uma sensação penosa de mal-estar profundo, determinada pela impressão difusa de um vago perigo iminente, diante do qual o indivíduo fica desarmado e impotente. Na maioria das vezes, esse estado é acompanhado de modificações comparáveis às que se observam nos choques emocionais: palpitações cardíacas, suores, tremores, visão enovelada etc. A angústia pode provir de um conflito interior, da perda de amor (morte de alguém, desaprovação de uma pessoa querida, entre outros. A angústia não é em si uma

doença, mas está ligada à condição humana. A angústia é normal em momentos quando uma nova adaptação se faz necessária.

84 Aquele que possui ritmo cardíaco acelerado.

85 Carência afetiva. Segundo o *Dicionário de psicologia Larousse*, é a "falta ou insuficiência de afeição. As necessidades afetivas do homem são tão importantes quanto as outras, e uma insatisfação nesse sentido pode ter graves conseqüências. Todos os trabalhos que há trinta anos vêm sendo realizados sobre o assunto chegaram aos mesmos resultados: o amor é para o homem o que o sol é para a planta; a ausência de seus elementos determina o subdesenvolvimento e até mesmo a morte pode sobrevir".

86 Omissão. "Aquele, pois, que sabe fazer o bem e o não faz comete pecado" (Tg 4.17).

87 Extraído da *Revista Teológica da Igreja Metodista,* p. 46.

88 DURHAM, Jerry D. op. cit., p. 142.

89 Hanseníase é uma doença que atinge os nervos periféricos causando insensibilidade. Devido a esse problema, poderá ocorrer processos degenerativos. Essa doença tem cura, e o doente deve procurar um hospital ou posto de saúde o mais rápido possível. Os sintomas são: manchas esbranquiçadas ou avermelhadas (com perda da sensibilidade). A pele fica dormente. Não provoca coceira. Podem aparecer caroços inchados ou cor de ferrugem em qualquer parte, principalmente no rosto e nas orelhas. É comum a pessoa sentir dor ao longo dos nervos dos braços, pernas e pescoço. O tratamento é rápido e os remédios gratuitos. Ligue para o Tele-saúde: (021) 273-0846, Prefeitura do Rio de Janeiro.

90 Epidemiologia: ciência que procura entender o comportamento das doenças na sociedade e tenta realizar planos de controle para tais doenças. "A Associação Internacional de Epidemiologia (IEA), em seu *Guia de métodos de ensino*, define epidemiologia como o estudo dos fatores que determinam a freqüência e a distribuição das doenças nas coletividades humanas. Enquanto a clínica dedica-se ao estudo da doença no indivíduo, analisando caso a caso, a epidemiologia debruça-se sobre os problemas de saúde em grupos de pessoas — às vezes grupos pequenos — na maioria das vezes envolvendo populações numerosas" (ROUQUAYROL, Maria Zélia. *Epidemiologia e saúde*. 3.ed. MEDSI, 1988, p. 8.)

91 Extraído da *Revista Teológica da Igreja Metodista*. op. cit., p. 43, 44.

92 Extraído da *Revista Teológica da Igreja Metodista*. op. cit., p. 45.

93 WHITE, Ellen G. *Meditações matinais.* São Paulo: Casa Publicadora Brasileira, 1995, p. 230.

94 Eram as últimas chuvas que caíam. Nós, em Cristo, somos a última esperança para os perdidos.

[95] SPURGEON, Charles Haddon. op. cit.

[96] "A oração pelos enfermos também é parte essencial do ministério da consolação... Mesmo que não esteja nos planos de Deus curar determinado enfermo, devemos estar juntos a este e orar por ele. Pois assim, estaremos mostrando a ele o nosso amor e afeição. O amor é bálsamo que consola e alivia as dores mais atrozes" (*Lições Bíblicas*. Rio de Janeiro: CPAD, p. 55, 4º trimestre de 1997.

[97] Do grego *paraklesis*: "encorajamento", "conforto", "consolação". "Denota o ficar ao lado de uma pessoa para encorajá-la enquanto estiver suportando pesados testes" (RIENECKER & ROGERS. op. cit.).

[98] Do grego *parakalon*: "aquele que encoraja ou se apresenta para consolar" (RIENECKER & ROGERS op. cit.).

[99] Do grego *thlipsis:* "pressões", "aflições", "tribulações" (RIENECKER & ROGERS. op. cit.).

[100] Segundo Buckland, "hissopo é um pequeno arbusto que tem de altura cerca de 45 centímetros, com hastes direitas, delgadas e providas de folhas, possuindo além disso grandes espigas de pequenas flores. Tem um aroma picante e nasce em muitos lugares, mesmo nos muros".

[101] Do grego *ostrakinos:* "feito de barro", "cerâmica". "Paulo pode ter se referido às pequenas lâmpadas de barro que eram baratas e frágeis, ou, então, a vasos ou urnas de cerâmica. A idéia é de que o tesouro valioso é contido em recipientes frágeis e sem valor". (RIENECKER & ROGERS. op. cit.).

[102] "Paulo que sofreu no mesmo dia [de Pedro] foi poupado a uma morte tão dolorosa e lenta, sendo degolado" (KNIGHT, A. *História do Cristianismo*. 2.ed. Rio de Janeiro: CPAD, 1983).

[103] Fariseus. "Separados. Formavam os fariseus a mais importante das escolas judaicas, de caráter religioso... Receberam aquele nome porque eles, na sua vida, separavam-se de todos os outros judeus, aspirando a mais do que uma simples santidade e exato cumprimento de deveres religiosos: mas a sua separação consistia principalmente em certas distinções a respeito de alimentos e de atos rituais. A maior parte das vezes isto era apenas exterioridade religiosa, sem profundeza de religião" (*Dicionário bíblico universal*. 2.ed. Miami: Vida,1987, p.157).

[104] Extraído da *Revista Teológica da Igreja Metodista*. op. cit

[105] JOSEFO, Flávio. op. cit., p. 243.

[106] JOSEFO, Flávio. op. cit., p. 243, 244.

[107] Predestinação: "Esta palavra tem o sentido da palavra grega *prooriso,* que significa o ato de limitar ou de determinar antecipadamente" (*Dicionário bíblico universal*. op. cit.). A predestinação é como um trem que sai do ponto A e está

predestinado a chegar ao ponto B. O trem certamente chegará, mas para que uma pessoa chegue também ao ponto B, terá que ficar dentro do trem até o fim. Se por algum motivo a pessoa sair do trem certamente não chegará ao destino final. A Igreja é predestinada para o céu e o crente estando ligado a Cristo faz parte da Igreja. Se contudo o crente se desliga de Cristo e sai da Igreja, já não é predestinado à salvação. "Sê fiel até à morte, e dar-te-ei a coroa da vida" (Ap 2.10).

[108] Fatalismo é uma "crença herética que atribui as escolhas e ações do homem ao *determinismo* de Deus, ou melhor: o homem só fará o que Deus permitir que ele faça" (OLIVEIRA, Raimundo F. de. *Doutrinas bíblicas*: *uma introdução à teologia.* 2.ed. São Paulo: EETAD).

[109] Do grego *stigma*: "marca", "estigma". Era costume da época marcar escravos, e a tatuagem religiosa também desempenhava um papel importante na Antiguidade (RIENECKER & ROGERS. op. cit.).

[110] OLIVEIRA, Raimundo F. de. *O livro de Atos*: *a igreja, o seu viver e agir.* 2.ed. São Paulo: EETAD, p. 73.

[111] Do grego *lepis*: termo médico para escamas (RIENECKER & ROGERS. op. cit.).

[112] "Seu zelo religioso levou-o a devastar a igreja, em luta feroz contra o que ele considerava insuportável heresia". (OLIVEIRA, Raimundo F. de. op. cit.)

[113] Infecção oportunista é um tipo de infecção que ocorre em pessoas já debilitadas fisicamente, sendo geralmente de difícil contágio em pessoas saudáveis.

[114] LEITE, Christiane A. Chaves & NETO, Ulysses Fagundes. Aspectos funcionais, microbiológicos e morfológicos intestinais em crianças HIV positivo. *Revista Paulista de Pediatria.* v. 15, n. 2, p. 101-107, jun. 1997.

[115] Viremia é a quantidade de vírus existente em uma amostra padronizada de sangue do paciente.

[116] ORR. Robert D., et alii. op. cit., p. 94.

[117] DNA e RNA são, a grosso modo, os responsáveis pelas características genéticas de cada ser.

[118] Hibernando: dormindo profundamente por muitos anos.

[119] Patogênico é o que causa doenças.

[120] Adenopatias são as popularmente conhecidas "ínguas", que podem aparecer em várias partes do corpo, tais como: nas axilas, no pescoço e na virilha.

[121] Exemplo: uma pessoa de setenta quilos que perde sete.

[122] Fadiga: cansaço.

[123] Isso acontece devido à passagem de anticorpos maternos da mãe para o filho através do cordão umbilical.

[124] Sexo anal é o realizado por trás.

[125] Sexo oral é o realizado com a boca.

[126] Para esterilizar um alicate de unha, basta escová-lo com uma solução de água sanitária, e logo após colocar em água fervente por cerca de trinta minutos.

[127] STEKEL, Wilhelm. *Atos impulsivos*. São Paulo: Mestre Jou, 1968, p. 155.

[128] CÉZAR, Clebem Magalhães Lens. *Ministério de capelania hospitalar*. Rio de Janeiro: Gospel Press, 1995.

[129] COLLINS, Gary R. *Aconselhamento cristão*. São Paulo: Vida Nova, 1995.

[130] Psicotrópico é a droga capaz de alterar as funções cerebrais por estímulo ou sedação (BEGOSSI, Marlisete Reid.).

[131] LOPEZ, Ancona Fábio. Uso de drogas e álcool na adolescência. *Jornal de Nutrição Infantil*, Rio de Janeiro, n. 20, ano IV, 1997.

[132] A cocaína injetável é responsável pela contaminação pelo HIV dos usuários de drogas.

[133] Ritmo acelerado do coração.

[134] Devido a essas viagens ruins, o LSD pode levar ao suicídio.

[135] Estado de falsa alegria em que o viciado sente-se risonho e alegre.

[136] O uso prolongado de maconha gera a "síndrome amotivacional", situação em que o indivíduo perde o engajamento no grupo.

[137] Pouca produção de esperma, podendo levar à esterilidade.

[138] Usada nas seitas indígenas Santo Daime e União Vegetal.

[139] Homossexualismo. Na linguagem psicológica, segundo *Larousse*, é "a inversão sexual. Tanto do homem como da mulher, o homossexualismo resulta de complexos inconscientes. Segundo Alder, trata-se de um sentimento de inferioridade (o temor do fracasso leva o indivíduo a procurar um parceiro do mesmo sexo). No jovem, esse desvio muitas vezes é conseqüência de uma educação mal conduzida (Gide): O homem muito ligado a sua mãe identifica-se com ela e comporta-se como gostaria que esta se conduzisse com ele" (*Dicionário de psicologia Larousse*, op. cit., p. 100).

[140] ALMEIDA, Abraão de. *Homossexualismo, doença ou perversão*? São Paulo: Vida, 1990.

[141] Do grego *akatharsia*: "impureza", "imundice". "Refere-se a aberrações sexuais" (RIENECKER & ROGERS. op. cit.).

[142] Erro. Ao contrário do que muitos têm falado a respeito do homossexualismo, a Bíblia diz que esta prática é errada, e que os que tais atos praticam receberão, caso não se arrependam, o castigo de Deus.

[143] Igreja Brasileira: seita herética e abominável que conseguiu de uma só vez unir a idolatria católica às práticas demoníacas da umbanda e candomblé.

[144] ALMEIDA, Abraão de. *Homossexualismo – doença ou perversão?* op. cit., p. 10,11.

[145] ALMEIDA, Abraão de. op. cit., p. 14,15.

[146] COLLINS, Gary R. *Aconselhamento cristão*. op. cit., p. 278, 279.

[147] COLLINS, Gary R. op. cit., p. 275,276.

[148] MENSAGEIRO DA PAZ, n. 1301, ano LXV, ago. 1995, p. 28.

[149] Exemplo: mau relacionamento com a família, não existência de parentes próximos ou amigos dispostos a ajudá-lo; más condições do local onde mora a família, tais como falta de água potável, esgoto sanitário, luz elétrica e outros. Despreparo total da família, medo ou preconceito por parte das pessoas que estão cuidando, falta de recursos mínimos para tratamento, tais como medicamentos, alimentação, despesas adicionais e outros.

[150] Ação Anti-AIDS. n. 28. mar./maio, 1995.

[151] REVISTA BRASILEIRA DE HOMECARE. *Governo cria sistema de homecare*. n. 19, ano II, São Paulo, 1996, p. 22.

[152] Equipe multidisciplinar é o conjunto de profissionais de saúde constituídos por: psicólogos, médicos, dentistas, enfermeiros, auxiliares de enfermagem, assistentes sociais, técnicos de laboratório etc.

[153] LACAZ (1990), em seu livro *AIDS-SIDA*, relata alguns resultados de pesquisas que comprovam esta afirmação: "...no Hospital Universitário Gaffrée Guinle, do Rio de Janeiro, em um total de 103 indivíduos, incluindo 55 pertencentes à área de saúde e 48 familiares de pacientes com AIDS, através de reações de ELISA e de imunofluorescência (teste para HIV), registraram resultados negativos, concluindo ser o risco familiar, social e profissional praticamente nulo, não havendo, na opinião desses autores, nenhuma justificativa para o isolamento dos indivíduos portadores de SIDA do seu meio familiar ou da própria comunidade". O *Manual de orientação básica para a equipe de enfermagem*, do Ministério da Saúde, revela que estudos realizados com profissionais de saúde expostos ao HIV por ferimentos com ponta de agulha comprovam que o risco é inferior a 0,5%. Os resultados confirmaram que o risco de transmissão do vírus por exposição de alguma membrana mucosa ou da pele ao sangue, fluidos corporais ou tecidos contaminados é ainda menor.

[154] É definida como a eliminação de todos os microorganismos, excetuando os esporos.

[155] É definida como a eliminação de todos os microorganismos, incluindo os esporos.

[156] Alguns dos cuidados presentes neste livro foram literalmente transcritos da cartilha *Cuidando de alguém com AIDS*, do Grupo pela Vida.

[157] Os itens: controle da infecção, problemas de pele, febre e dores na boca e garganta, tosse, dificuldade de respirar e diarréia foram retirados com poucas modificações do *Boletim Internacional sobre Prevenção contra AIDS*. Ação Anti-AIDS. n. 28, p. 6, mar./maio 1995.

[158] Medicamentos tópicos são os remédios aplicados superficialmente, geralmente usados na pele.

[159] Escaras são ferimentos que surgem pelo fato de o paciente estar muito tempo acamado e sem boa movimentação. Pode ser agravada pela urina em contato com a pele e pelo tipo de colchão utilizado. Segundo Atkinson (1989), "O paciente de alto risco é aquele incapaz de reagir a sensações de pressão sobre a pele, mudando de posição... Uma vez que a lesão se estabelece, a cura é muito lenta e exige muita atenção".

[160] Exceto se a pele do doente estiver muito ressecada.

[161] Lactose: açúcar do leite.

[162] GONÇALVES, Elaine Siqueira. *Nutrição superpositiva*. Rio de Janeiro: ABIA,1997.

[163] ABIA (Boletim), n. 33, jul./out. 1996, p. 8.

[164] REVISTA JBM, v. 69, n. 2, ago. 1995.

[165] Realizado na maioria dos postos de saúde no Brasil.

[166] A estreptomicina deve ser evitada no tratamento de gestantes, pois causa surdez no feto.

[167] GONÇALVES, Elaine Siqueira. *Nutrição superpositiva*. Rio de Janeiro: ABIA, 1997.

[168] Transcrito do *Guia dos sintomas e tratamentos para mulheres vivendo com HIV e AIDS*. Rio de Janeiro: ABIA, jun. 1995.

[169] Ibdem.

[170] Vagina.

[171] Lisina é um aminoácido que parece interromper a multiplicação do HSV, ou seja, é uma substância que faz o vírus parar de crescer.

[172] Aminoácido que favorece a multiplicação do HSV.

[173] *Cuidando da minha criança com AIDS.* Grupo pela Vida, Niterói.

[174] *Considerações gerais sobre o binômio HIV/AIDS e gravidez*. Brasília: PN-DST/AIDS, 1995.

[175] Em algumas maternidades como a Carmela Dutra, no Rio de Janeiro, o leite materno da mãe soropositiva pode ser utilizado através da pasteurização. Contudo, apenas o pessoal de saúde treinado deve proceder a essa tarefa.

[176] Transcrito do *Guia dos sintomas e tratamentos para mulheres vivendo com HIV e AIDS.* ABIA, jun. 1995.

[177] Todos os dados foram adaptados à linguagem popular do livro *Manual de suporte nutricional*. CARVALHO, Eduardo Botelho. Rio de Janeiro: MEDSI, 1992, p. 205-217 e do *Boletim Ação Anti-AIDS*, n. 30, set./dez. 1995.

[178] Albumina é uma proteína encontrada no sangue.

[179] BOLETIM AÇÃO ANTI-AIDS, n. 30, set./dez. 1995, p. 4.

[180] MINISTÉRIO DA SAÚDE. *Memento Terapêutico*. 2.ed. Brasília: CEME, 1989, p.159.

[181] Ibdem.

[182] Do grego *nephe*: "ser sóbrio", isto é, ficar alerta, vigilante; "a atitude firme e persistente da mente, que observa o que acontece ao seu redor e se mantém inabalável em direção ao seu objetivo" (RIENECKER & ROGERS. op cit.).

[183] YOUNG, Jack. op. cit., p. 47.

[184] YOUNG, Jack. op. cit., p. 51.

[185] KESSLER, Nemuel. *Ética pastoral.* Rio de Janeiro: CPAD, 1989, p. 67-72.

[186] Esse ponto foi adaptado da monografia *Uma proposta pastoral junto a portadores do vírus da AIDS*, realizado por Noemi de Matos Wirth. Publicada pela *Revista Teológica da Igreja Metodista*. op. cit., p. 37, 38.

[187] DURHAM, Jerry. D. op. cit., p.177.

[188] Demência é uma forma crônica de uma síndrome cerebral que se desenvolve por um longo tempo. Como características há deterioração gradual do intelecto, bem como uma diminuição da capacidade de raciocínio, de crítica e da memória de fatos recentes. Podem também ser alteradas a percepção e a personalidade (DURHAN. op. cit.). Ou, segundo Larousse, é o enfraquecimento progressivo e irreversível das funções intelectuais devido a lesões cerebrais. Essa afecção distingue-se do retardamento mental — que corresponde a uma interrupção do desenvolvimento intelectual ou afetivo — pela perda, cada vez mais significativa, da inteligência. A demência é o ponto final de um estado mórbido, infeccioso [como na AIDS], inflamatório, ou degenerativo. Em princípio, a demência é incurável.

[189] KÜBLER-ROSS, Elizabeth. *Sobre a morte e o morrer*. op. cit., p 51.

[190] KÜBLER-ROSS, Elizabeth. op. cit., p. 56.

[191] DURHAM, Jerry D. op. cit.

[192] BROWN, Stephen. op. cit., p. 95.

[193] KÜBLER-ROSS, Elizabeth. *On death and dying.* Nova Iorque: Macmillan, 1969.

[194] KÜBLER-ROSS, Elizabeth. op. cit., p. 53.

[195] Complementação do autor.

[196] KÜBLER-ROSS, Elizabeth. op cit.

[197] REVISTA TEOLÓGICA DA IGREJA METODISTA. op. cit., p. 40.

[198] Holocausto deriva de uma raiz que significa ascender, e aplicava-se à oferta que subia até Deus. Pertenciam à classe dos sacrifícios expiatórios, ou seja, pelo perdão dos pecados do ofertante. Eram também sacrifícios de ação de graças, ou atos de adoração (BUCKLAND, *Dicionário bíblico universal*. 11.ed. Miami: Vida, 1996).

[199] REVISTA TEOLÓGICA DA IGREJA METODISTA. op. cit., p. 39.

[200] MAGALHÃES, Clebem Lenz César. op. cit., p. 41, 42.

[201] BROWN, Stephen. op. cit.

[202] BROWN, Stephen. op. cit., p. 91.

[203] KÜBLER-ROSS, Elizabeth. op. cit., p. 278.

[204] LARCHET, Jean-Claude. op. cit., p. 54.

[205] KÜBLER-ROSS, Elizabeth. op. cit., p. 278.

[206] STEWART, Charles. *AIDS — doença natural ou castigo de Deus?* op. cit., p. 20, 21.

[207] REVISTA ISTOÉ. São Paulo, n. 1395, jun. 1996, p. 58, 59.

[208] Contato. Divide-se em contato direto e indireto. O primeiro refere-se ao contato com a pessoa, já o segundo relaciona-se a objetos: roupas, talheres, comadre, patinho, contaminados com secreções da pessoa em foco. Deve-se ter cuidado com o contato pela ferida.

[209] Total. Isolamento tanto das excreções como da respiração, evitando também o contato físico.

[210] Entérico. Deve-se ter cuidado com as eliminações intestinais do doente.

[211] Respiratório. Deve-se utilizar máscara ao entrar em contato com o doente, ou fazer com que o doente use máscara. Lembre-se de que a máscara usada para tuberculose deve ser especial.

Hospitais e serviços de referência

AIDS-Mulher
Tel: (021)290-5544

Disque AIDS
Centro de Testagem
Tel: (021)293-2255

Banco de Leite
Instituto Fernandes Figueira
Av. Rui Barbosa, 716, Flamengo
Rio de Janeiro, RJ
Tel: (021)553-3384
553-0052

Hospitais de Referência

Universitário Clementino Fraga Filho
Av. Brigadeiro Trompowsk s/n°
Cidade Universitária
Rio de Janeiro, RJ
Tel: (021)564-2010 R. 500 (f-5)

Universitário Gaffrée Guinle
R. Mariz e Barros, 775, Tijuca
Rio de Janeiro, RJ
Tel: (021)568-9760

Universitário Pedro Ernesto
Av. 28 de Setembro, 87, Vila Isabel
Rio de Janeiro, RJ
Tel: (021)587-6100

Universitário Antônio Pedro
R. Marquês do Paraná, 303
Niterói, RJ
Tel: (021)717-0148

Servidores do Estado
R. Sacadura Cabral, 178, Saúde
Rio de Janeiro, RJ
Tel: (021)291-3131
291-3331 R. 310

Azevedo Lima
R. Teixeira de Freitas, 30, Fonseca
Niterói, RJ
Tel: (021)627-2626

Centros de Testagem

Instituto Vital Brasil
Praça Vital Brasil, s/nº
Santa Rosa, Niterói, RJ
Tel: (021)610-5708

Hospital Municipal Rocha Maia
R. General Severiano, 91
Botafogo, Rio de Janeiro, RJ
Tel: (021)295-2295 / 2121

Hospital Escola São Francisco de Assis
Av. Presidente Vargas, 2863
Cidade Nova
Rio de Janeiro, RJ
Tel: (021)293-9443

Medicamentos

Fale AIDS
R. 7 de Setembro, 92/2405
Rio de Janeiro, RJ
Tel: (021)242-6384